Andersen

La Petite Sirène, et autres contes

Édition présentée, annotée et expliquée
par
ALBINE VIGROUX
professeur certifié de lettres modernes

LIBRAIRIE LAROUSSE

Qu'est-ce qu'un classique ?

La Petite Sirène et beaucoup d'autres contes ont été écrits par Andersen il y a plus d'un siècle, au royaume du Danemark. Ils ont été lus et relus depuis par des générations d'enfants et d'adultes des quatre coins du monde. Ils appartiennent maintenant à la littérature classique car ils font encore rêver aujourd'hui et sont toujours aussi émouvants.

Le petit livre que vous avez entre les mains est particulier. En plus d'un choix de contes célèbres ou moins connus, il contient des renseignements sur l'auteur, les différents sujets, les personnages, etc. Afin de mieux comprendre le texte d'Andersen, des notes placées en bas de page expliquent certains mots, et des questions, regroupées dans un encadré, aident à faire le point. Ainsi, vous pourrez lire ces histoires avec plaisir et, pourquoi pas, comme si vous en étiez le héros ou l'héroïne...

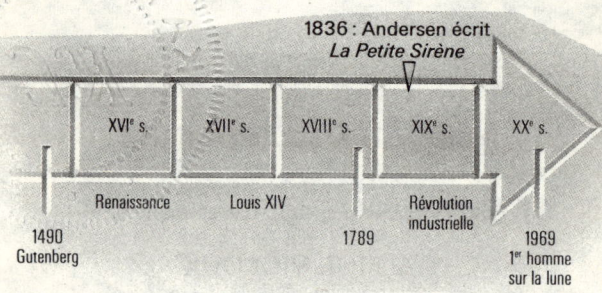

1836 : Andersen écrit
La Petite Sirène

| XVIᵉ s. | XVIIᵉ s. | XVIIIᵉ s. | XIXᵉ s. | XXᵉ s. |

Renaissance   Louis XIV   Révolution
                                      industrielle

1490   1789   1969
Gutenberg   1ᵉʳ homme
                                              sur la lune

© Librairie Larousse 1990. ISBN 2-03-871005-8
(Collection fondée par Félix Guirand et continuée par Léon Lejealle.)
© Mercure de France, 1937, pour la traduction
par P.G. La Chesnais du conte intitulé « *Danse, danse ma poupée !* ».

Sommaire

Le plus célèbre
des auteurs danois

Une enfance pauvre,
mais bercée par les contes

Hans Christian Andersen est né le 2 avril 1805, à Odense, une ville (5 000 habitants à l'époque) de l'île de Fionie, au Danemark, au nord de l'Europe (voir p. 17 et 156).

Ses parents sont pauvres car son père n'est qu'un petit cordonnier. Un jour, pour tenter d'échapper à la misère et aussi parce qu'il a toujours eu une grande admiration pour Napoléon Ier, le père part rejoindre les armées de l'Empereur (le Danemark est alors allié à la France). La pauvreté des Andersen devient plus grande encore : la mère de Hans Christian fait des lessives pour permettre à sa famille de survivre.

Pourtant, les premières années de la vie d'Andersen semblent avoir été illuminées par les récits de son père et de ses grands-mères. Ces adultes proches et peu ordinaires ont émerveillé l'enfance de Hans Christian en lui racontant des légendes, des histoires et des contes qu'eux-mêmes avaient entendus quand ils étaient petits.

Le père de Hans Christian Andersen revient dans son île natale en 1816, un an après la chute de Napoléon, et meurt. Sa mère se remarie et n'a qu'une idée en tête : placer son fils en apprentissage pour qu'il apprenne au plus tôt un métier. Cette perspective angoisse le jeune Andersen qui ne rêve que chant et danse depuis qu'il a assisté à des représentations au théâtre d'Odense.

Une jeunesse difficile à Copenhague

En 1819, Andersen a quatorze ans. Il décide de partir pour Copenhague, la capitale du Danemark. Il a dix rixdales en poche (aujourd'hui, un peu moins de trente francs) et un projet : « devenir célèbre ».

Tout de suite, l'adolescent attire les sympathies et se fait des amis dans une ville où il ne connaissait personne. Il tente d'abord sa chance au théâtre. Il essaie de devenir danseur, puis chanteur, mais n'obtient aucun engagement durable et sérieux. Il décide alors d'écrire des pièces de théâtre : les directeurs les refusent sous prétexte qu'elles sont « parfaitement injouables ».

À défaut de se faire un nom, Andersen s'est trouvé un protecteur, un mécène d'environ quarante ans : il est directeur de théâtre et se nomme Jonas Collin. Hans Christian le considère comme un père et demeurera toute sa vie l'ami intime de sa famille.

En 1822, grâce à Jonas Collin, qui lui a obtenu une bourse, Andersen peut réaliser un autre de ses rêves : faire des études. Mais la malchance semble le poursuivre. Le directeur de l'école dans laquelle il a été admis, Simon Meisling, le déteste, le considère comme son souffre-douleur et ne cesse de l'humilier.

De plus, Andersen est plus âgé que les autres élèves de sa classe et, lui qui a dix-huit ans, se sent étranger parmi ces élèves qui n'en ont que douze. À vingt-quatre ans, il obtient son bac et entre à l'université.

Maison natale d'Andersen à Odense.

Les débuts de la gloire

En 1829, Andersen publie un long poème fantastique
sur une courte promenade dans Copenhague : *Voyage à
pied du canal de Holmen à la pointe d'Hamager*. Ce poème
plaît au public : Andersen sort de l'anonymat et de la
misère. Il va enfin pouvoir faire comme beaucoup
d'écrivains de son époque, voyager.

Andersen découvre alors la Suisse, l'Italie, l'Allemagne
et la France. Il est ébloui par Rome où il compose
deux œuvres : *l'Improvisateur,* un roman, et son premier
recueil de contes. À peine parus, les contes connaissent
un grand succès. Paradoxalement, un autre grand conteur,
Jakob Grimm, avoue ne pas même connaître le nom
d'Andersen quand il le rencontre !

Andersen a rapporté de tous ses voyages une multitude de dessins.
À Florence (Italie), le 12 avril 1834,
il croqua le célèbre Ponte Vecchio.

En revanche, la vie privée de l'écrivain est moins heureuse que sa carrière. Andersen est amoureux de Louise Collin, la fille de son ami, mais elle le repousse. Il n'a pas plus de chance avec Jenny Lind, une jeune cantatrice danoise qui refuse de l'épouser ; cependant, elle restera toujours son amie et sa complice.

La consécration

Devenu proche de la famille royale du Danemark, vivant tantôt dans son pays, tantôt à l'étranger, Andersen écrit des romans, des pièces de théâtre et publie chaque année un recueil de contes. Il est l'ami du romancier

7

anglais Charles Dickens ; il rencontre les écrivains français Victor Hugo, Alphonse de Lamartine, Alfred de Vigny, Honoré de Balzac, Alexandre Dumas et le musicien allemand Richard Wagner.

Quand il meurt, en 1875, à Copenhague, il a réalisé son rêve d'enfant : il est devenu célèbre, tellement célèbre qu'il inaugura de son vivant sa propre statue ! A-t-il pour autant trouvé le bonheur ? Tous les portraits que nous avons de lui le montrent profondément mélancolique... Reste qu'il est le Danois le plus connu de tous les temps, dans le monde entier.

Andersen, conteur malgré lui ?

Un succès inattendu

Andersen souhaitait devenir célèbre comme auteur dramatique ; le grand nombre de pièces qu'il a écrites et l'importance qu'il leur accordait le prouvent (voir p. 183) ; mais la gloire par le théâtre n'arrivait toujours pas. En attendant, comme il aimait beaucoup les enfants et qu'il avait du talent pour raconter des histoires en public, il décida, en 1835, de mettre par écrit ce qu'il avait l'habitude de dire. La publication de ce premier recueil constitua un événement : les contes furent très appréciés du public, à l'étranger plus encore qu'au Danemark. À partir de cette date, tous les ans, Andersen publiera un nouveau recueil de contes, toujours avec le même succès.

Andersen a écrit au total 178 contes. Tous ne furent pas édités de son vivant, mais ils ont tous été depuis publiés en français.

Les plus connus ont été traduits en quatre-vingt-dix langues environ et adaptés. Le nombre de livres, disques, cassettes, films (en particulier, dessins animés) inspirés par l'œuvre d'Andersen est très élevé et ne cesse d'augmenter.

Hans Christian Andersen photographié devant un château.
Musée Andersen, Odense.

Les différents types de contes

On peut distinguer deux grandes catégories dans les contes d'Andersen :

— les *eventyr* : ce sont des contes de fées dans lesquels interviennent des événements merveilleux et surnaturels (*la Princesse sur un pois,* *le Porcher,* par exemple) ;

— les *historier* : ce sont des récits qui ne font pas appel au merveilleux et qui ont pour héros des êtres humains comme les autres, confrontés à des situations de la vie quotidienne (par exemple, *Ce que fait le vieux est bien fait*).

Les contes d'Andersen se divisent également en deux autres catégories :

— ceux qu'Andersen écrit après en avoir entendu une version dans son enfance. Ils appartiennent à la tradition danoise et sont transcrits et adaptés par l'auteur, qui ne les a pas inventés. C'est le cas de *la Princesse sur un pois,* de *Jean Balourd* ou des *Fiancés* ;

— ceux qu'Andersen a inventés de toutes pièces, souvent en s'inspirant de sa vie, comme *la Petite Sirène,* « *Danse, danse, ma poupée !* » ou *le Vilain Petit Canard.*

Andersen
1805

Premiers
grands voyages
1829

Richard Wagner (1813-1883)

Charles Dickens (1812-1870)

Alexandre Dumas (1802-1870)

Alfred de Vigny (1797-1863)

Alphonse de Lamartine (1790-1869)

Wilhelm Grimm (1786-1859)

Jakob Grimm (1785-1863)

règne de Christian VII (1766-1808)	règne de Frédérik VI (1808-1839)

1807 : bombardement de Copenhague
et alliance du Danemark avec la France

12

Publication
du *Conte de ma vie*
1855   1875

| règne de Christian VIII (1839-1848) | règne de Frederik VII (1848-1863) | règne de Christian IX (1863-1906) |

1849 : vote d'une constitution
démocratique danoise

13

Les contes
que vous allez découvrir

Un choix pour faire pleurer et rire

Andersen a écrit et publié de son vivant 156 contes.
Nous en avons choisi dix. Certains sont très connus
comme *la Princesse sur un pois, la Petite Sirène* ou *le Vilain
Petit Canard* ; d'autres le sont moins *(les Fiancés, le Porcher,
« Danse, danse, ma poupée ! »)*. D'autres encore seront
peut-être une véritable découverte : *Jean Balourd, Ib et
la petite Christine, Ce que fait le vieux est bien fait,* etc.
   Andersen, qui a vécu une enfance et une jeunesse
difficiles, a souvent écrit des contes tristes dans lesquels
les héros sont malheureux, rencontrent des difficultés
quelquefois insurmontables, comme la petite sirène.
Pour que ces moments de tristesse soient entrecoupés
de gaieté ou même de rires, les contes qui peuvent
donner envie de pleurer alternent avec des contes
amusants, sans respecter l'ordre dans lequel Andersen
les avait écrits.

Les dix contes en quelques mots

La Princesse sur un pois (1835)
Comme dans tous les contes de fées, on y découvre
un roi, une reine, un prince à marier et une princesse
qui devra subir une bien curieuse épreuve...

La Petite Sirène (1836)

Ce conte est l'un des plus connus d'Andersen. La tristesse y domine, même si la petite sirène vit dans un pays merveilleux (le royaume au fond des mers), même si elle est entourée de l'amour des siens, même si elle connaît auprès du prince quelques instants de bonheur.

Jean Balourd (1855)

Jean Balourd dont tout le monde se moque est-il aussi nigaud qu'il le paraît ? Et s'il était en fait beaucoup plus malin que ses frères, dont l'un connaît le latin et l'autre le droit ? En tout cas, une chose est sûre : Jean Balourd est le héros d'un conte pour sourire et pour rire. D'ailleurs, la fille du roi ne s'y trompera pas...

Le Vilain Petit Canard (1834)

C'est, avec la Petite Sirène, le plus connu des contes d'Andersen. Inspirée par l'enfance et l'adolescence de l'auteur, cette histoire présente des épisodes douloureux : le petit canard est seul, incompris, en butte à l'hostilité de son entourage, comme l'a été l'auteur. Mais il aura lui aussi sa revanche..., et quelle revanche !

Les Fiancés (1843)

Les « héros » de ce conte sont deux objets : une balle et un sabot (un sabot est une sorte de toupie). Le sabot a beaucoup de qualités et la balle a beaucoup de défauts. Eh bien, la vie va leur en remontrer à l'un comme à l'autre et leurs destins se sépareront...

Ib et la petite Christine (1855)

Très peu connu, ce conte est une sorte de petit roman (voir p. 205). Amis d'enfance, Ib et Christine vivent à la campagne. Ils grandissent et, tandis qu'Ib reste à la ferme, Christine va se laisser éblouir par les mirages de la ville. Devenus adultes, Ib et Christine se retrouveront de bien étrange manière...

Le Porcher (1839)

L'histoire du porcher rassemble tous les éléments du conte de fées traditionnel : un personnage qui se déguise, une princesse à marier aussi riche que capricieuse, des objets magiques... et pour finir une belle surprise !

Ce que fait le vieux est bien fait (1861)

Un paysan et son épouse sont les deux héros de cette histoire : il est naïf et crédule, mais heureusement, elle est bonne, indulgente... et surtout aimante. Un jour, le vieux part échanger son cheval à la foire de la ville...

L'Intrépide Soldat de plomb (1838)

Jouet animé, comme la toupie et la balle des *Fiancés,* ce soldat peu ordinaire vit de nombreuses aventures, souvent terrifiantes, et une grande histoire d'amour.

« Danse, danse, ma poupée ! » (1872)

Les héros de ce conte sont deux grandes personnes et une petite fille, Amalie. Pour Andersen, le monde est peuplé de deux sortes d'êtres humains : ceux qui gardent leur esprit d'enfance et ceux qui le perdent... Et tant pis pour les seconds !

Le DANEMARK en Europe occidentale.

Superficie: 43.000 Km².
5.100.000 habitants.

Date d'entrée dans le Marché Commun: 1973.

Hans Christian Andersen en 1846.
Gravure anonyme d'après un tableau d'Auguste Grahl.
Musée Andersen, Odense.

La Petite Sirène,
et autres contes

contes
parus pour la première fois
en danois de 1834 à 1872

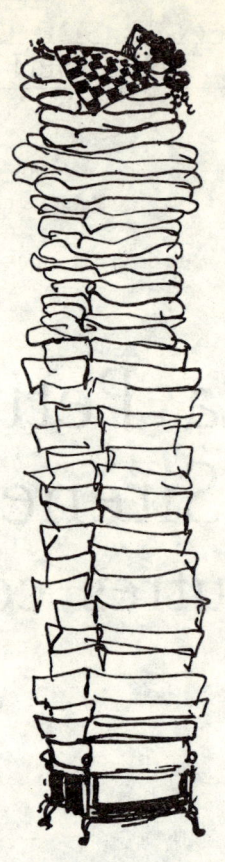

Illustration de Wade Ray
pour *The Arthur Rackham Fairy Book,* 1933.
Édition George G. Harrap and Co. Coll. part.

La Princesse sur un pois

Il y avait une fois un prince qui voulait épouser une princesse, mais une princesse véritable. Il fit donc le tour du monde pour en trouver une, et, à la vérité, les princesses ne manquaient pas ; mais il ne pouvait jamais
5 s'assurer si c'étaient de véritables princesses ; toujours quelque chose en elles lui paraissait suspect. En conséquence, il revint bien affligé[1] de n'avoir pas trouvé ce qu'il désirait.

Un soir, il faisait un temps horrible, les éclairs se
10 croisaient, le tonnerre grondait, la pluie tombait à torrents ; c'était épouvantable ! Quelqu'un frappa à la porte du château, et le vieux roi s'empressa d'ouvrir.

C'était une princesse. Mais grand Dieu ! comme la pluie et l'orage l'avaient arrangée ! L'eau ruisselait de
15 ses cheveux et de ses vêtements, entrait par le nez dans ses souliers, et sortait par le talon. Néanmoins, elle se donna pour une véritable princesse.

« C'est ce que nous saurons bientôt ! » pensa la vieille reine. Puis, sans rien dire, elle entra dans la
20 chambre à coucher, ôta toute la literie, et mis un pois au fond du lit. Ensuite, elle prit vingt matelas, qu'elle étendit sur le pois, et encore vingt édredons, qu'elle entassa par-dessus les matelas.

---

1. *Bien affligé* : très triste.

C'était la couche destinée à la princesse. Le lendemain
25 matin, on lui demanda comment elle avait passé la
nuit.

« Bien mal ! répondit-elle ; à peine si j'ai fermé les
yeux de toute la nuit ! Dieu sait ce qu'il y avait dans
le lit ; c'était quelque chose de dur qui m'a rendu la
30 peau toute violette. Quel supplice ! »

À cette réponse, on reconnut que c'était une véritable
princesse, puisqu'elle avait senti un pois à travers vingt
matelas et vingt édredons. Quelle femme, sinon une
princesse, pouvait avoir la peau aussi délicate ?

35 Le prince, bien convaincu que c'était une véritable
princesse, la prit pour femme, et le pois fut placé dans
le musée, où il doit se trouver encore, à moins qu'un
amateur ne l'ait enlevé.

Voilà une histoire aussi véritable que la princesse !

Traduction de D. Soldi, E. Grégoire et L. Moland.

La Petite Sirène

Bien loin dans la mer, l'eau est bleue comme les feuilles des bluets[1], pure comme le verre le plus transparent, mais si profonde qu'il serait inutile d'y jeter l'ancre, et qu'il faudrait y entasser une quantité
5 infinie de tours d'église les unes sur les autres pour mesurer la distance du fond à la surface.

C'est là que demeure le peuple de la mer. Mais n'allez pas croire que ce fond se compose seulement de sable blanc ; non, il y croît[2] des plantes et des arbres
10 bizarres, et si souples, que le moindre mouvement de l'eau les fait s'agiter comme s'ils étaient vivants. Tous les poissons, grands et petits, vont et viennent entre les branches comme les oiseaux dans l'air. À l'endroit le plus profond se trouve le château du roi de la mer,
15 dont les murs sont de corail, les fenêtres de bel ambre[3] jaune, et le toit de coquillages qui s'ouvrent et se ferment pour recevoir l'eau ou pour la rejeter. Chacun de ces coquillages renferme des perles brillantes dont la moindre ferait honneur à la couronne d'une reine.

20 Depuis plusieurs années, le roi de la mer était veuf, et sa vieille mère dirigeait sa maison. C'était une femme spirituelle[4], mais si fière de son rang, qu'elle portait

---

1. *Bluets :* bleuets.
2. *Croît :* pousse.
3. *Ambre :* bloc de cristaux longs, minces et enchevêtrés.
4. *Spirituelle :* qui a de l'esprit, de la finesse.

La petite sirène.
Figurine de la Manufacture royale de Copenhague.

douze huîtres à sa queue tandis que les autres grands
personnages n'en portaient que six. Elle méritait des
25 éloges[1] pour les soins qu'elle prodiguait à ses six petites-
filles, toutes princesses charmantes. Cependant la plus
jeune était plus belle encore que les autres ; elle avait
la peau douce et diaphane[2] comme une feuille de rose,
les yeux bleus comme un lac profond ; mais elle n'avait
30 pas de pieds : ainsi que ses sœurs, son corps se terminait
par une queue de poisson.

Toute la journée, les enfants jouaient dans les grandes
salles du château, où des fleurs vivantes poussaient sur
les murs. Lorsqu'on ouvrait les fenêtres d'ambre jaune,
35 les poissons y entraient comme chez nous les hirondelles,
et ils mangeaient dans la main des petites princesses
qui les caressaient. Devant le château était un grand
jardin avec des arbres d'un bleu sombre ou d'un rouge
de feu. Les fruits brillaient comme de l'or, et les fleurs,
40 agitant sans cesse leur tige et leurs feuilles, ressemblaient
à de petites flammes. Le sol se composait de sable
blanc et fin, et une lueur bleue merveilleuse, qui se
répandait partout, aurait fait croire qu'on était dans
l'air, au milieu de l'azur du ciel, plutôt que sous la
45 mer. Les jours de calme, on pouvait apercevoir le soleil,
semblable à une petite fleur de pourpre[3] versant la
lumière de son calice[4].

Chacune des princesses avait dans le jardin son petit

1. *Éloges* : compliments.
2. *Diaphane* : claire, pâle, presque transparente.
3. *Pourpre* : rouge violacé.
4. *Calice* : ensemble formé par les pétales de la fleur.

terrain, qu'elle pouvait cultiver selon son bon plaisir.
50 L'une lui donnait la forme d'une baleine, l'autre celle
d'une sirène ; mais la plus jeune fit le sien rond comme
le soleil, et n'y planta que des fleurs rouges comme
lui. C'était une enfant bizarre, silencieuse et réfléchie.
Lorsque ses sœurs jouaient avec différents objets
55 provenant des bâtiments naufragés, elle s'amusait à
parer une jolie statuette de marbre blanc, représentant
un charmant petit garçon, placée sous un saule
pleureur magnifique, couleur de rose, qui la couvrait
d'une ombre violette. Son plus grand plaisir consistait
60 à écouter des récits sur le monde où vivent les hommes.
Toujours elle priait sa vieille grand-mère de lui parler
des vaisseaux, des villes, des hommes et des animaux.
Elle s'étonnait surtout que, sur la terre, les fleurs
exhalassent[1] un parfum qu'elles n'ont pas sous les eaux
65 de la mer, et que les forêts y fussent vertes. Elle ne
pouvait pas imaginer comment les poissons chantaient
et sautillaient sur les arbres. La grand-mère appelait les
petits oiseaux des poissons ; sans quoi elle ne se
serait pas fait comprendre.

70 « Lorsque vous aurez quinze ans, dit la grand-mère,
je vous donnerai la permission de monter à la surface
de la mer et de vous asseoir au clair de la lune sur des
rochers, pour voir passer les grands vaisseaux[2] et faire
75 connaissance avec les forêts et les villes. »
L'année suivante, l'aînée des sœurs allait atteindre sa
quinzième année, et, comme il n'y avait qu'une année

---

1. *Exhalassent* : du verbe « exhaler », qui signifie « répandre ».
2. *Vaisseaux* : bateaux, navires.

de différence entre chaque sœur, la plus jeune devait
encore attendre cinq ans pour sortir du fond de la mer.
Mais l'une promettait toujours à l'autre de lui faire le
80 récit des merveilles qu'elle aurait vues à sa première
sortie ; car leur grand-mère ne parlait jamais assez, et
il y avait tant de choses qu'elles brûlaient de[1] savoir !

La plus curieuse, c'était certes la plus jeune ; souvent,
la nuit, elle se tenait auprès de la fenêtre ouverte,
85 cherchant à percer de ses regards l'épaisseur de l'eau
bleue que les poissons battaient de leurs nageoires et
de leur queue. Elle aperçut en effet la lune et les étoiles,
mais elles lui paraissaient toutes pâles et considérable-
ment grossies par l'eau.

90 Lorsque quelque nuage noir les voilait, elle savait que
c'était une baleine ou un navire chargé d'hommes qui
nageait au-dessus d'elle. Certes, ces hommes ne pensaient
pas qu'une charmante petite sirène étendait au-dessous
d'eux ses mains blanches vers la carène[2].

95 Le jour vint où la princesse aînée atteignit sa quinzième
année, et elle monta à la surface de la mer.

À son retour, elle avait mille choses à raconter.
« Oh ! disait-elle, c'est délicieux de voir, étendue au
clair de la lune sur un banc de sable, au milieu de la
100 mer calme, les rivages de la grande ville où les lumières
brillent comme des centaines d'étoiles ; d'entendre la
musique harmonieuse, le son des cloches des églises, et
tout ce bruit d'hommes et de voitures[3] ! »

---

1. *Brûlaient de* : désiraient vivement.
2. *Carène* : partie de la coque d'un navire qui est sous l'eau.
3. *Voitures* : à l'époque d'Andersen, ce terme désignait les véhicules
conduits par des chevaux.

Oh ! comme sa petite sœur l'écoutait attentivement !
105 Tous les soirs, debout à la fenêtre ouverte, regardant à
travers l'énorme masse d'eau, elle rêvait à la grande
ville, à son bruit et à ses lumières, et croyait entendre
sonner les cloches tout près d'elle.

L'année suivante, la seconde des sœurs reçut la
110 permission de monter. Elle sortit sa tête de l'eau au
moment où le soleil touchait à l'horizon, et la
magnificence[1] de ce spectacle la ravit au dernier point[2].

« Tout le ciel, disait-elle à son retour, ressemblait à
de l'or, et la beauté des nuages était au-dessus de tout
115 ce qu'on peut imaginer. Ils passaient devant moi, rouges
et violets, et, au milieu d'eux, volait vers le soleil,
comme un long voile blanc, une bande de cygnes
sauvages. Moi aussi, j'ai voulu nager vers le grand astre
rouge ; mais tout à coup il a disparu, et la lueur rose
120 qui teignait la surface de la mer ainsi que les nuages
s'évanouit bientôt. »

Puis vint le tour de la troisième sœur. C'était la plus
hardie[3], aussi elle remonta le cours d'un large fleuve.
Elle vit d'admirables collines plantées de vignes, de
125 châteaux et de fermes situés au milieu de forêts superbes.
Elle entendit le chant des oiseaux, et l'ardeur du soleil
la força à se plonger plusieurs fois dans l'eau pour
rafraîchir sa figure. Dans une baie, elle rencontra une
foule de petits êtres humains qui jouaient en se baignant.
130 Elle voulut jouer avec eux, mais ils se sauvèrent tout

---

1. *Magnificence* : splendeur, éclat.
2. *Au dernier point* : au plus haut point.
3. *Hardie* : audacieuse, courageuse.

effrayés, et un animal noir — c'était un chien — se mit à aboyer si terriblement qu'elle fut prise de peur et regagna promptement[1] la pleine mer. Mais jamais elle ne put oublier les superbes forêts, les collines vertes
135 et les gentils enfants qui savaient nager, quoiqu'ils n'eussent point de queue de poisson.

La quatrième sœur, qui était moins hardie, aima mieux rester au milieu de la mer sauvage, où la vue s'étendait à plusieurs lieues, et où le ciel s'arrondissait
140 au-dessus de l'eau comme une grande cloche de verre. Elle apercevait de loin les navires, pas plus grands que des mouettes ; les dauphins joyeux faisaient des culbutes, et les baleines colossales lançaient des jets d'eau de leurs narines.

145 Le tour de la cinquième arriva ; son jour tomba précisément en hiver : aussi vit-elle ce que les autres n'avaient pas encore pu voir. La mer avait une teinte verdâtre, et partout nageaient, avec des formes bizarres, et brillantes comme des diamants, des montagnes de
150 glace. « Chacune d'elles, disait la voyageuse, ressemble à une perle plus grosse que les tours d'église que bâtissent les hommes. » Elle s'était assise sur une des plus grandes, et tous les navigateurs se sauvaient de cet endroit où elle abandonnait sa longue chevelure au gré
155 des vents. Le soir, un orage couvrit le ciel de nuées ; les éclairs brillèrent, le tonnerre gronda, tandis que la mer, noire et agitée, élevant les grands monceaux de glace, les faisait briller de l'éclat rouge des éclairs. Toutes

1. *Promptement :* rapidement.

les voiles furent serrées, la terreur se répandit partout ;
160 mais elle, tranquillement assise sur sa montagne de
glace, vit la foudre tomber en zigzag sur l'eau luisante.

La première fois qu'une des sœurs sortait
de l'eau, elle était toujours enchantée de toutes les
nouvelles choses qu'elle apercevait ; mais, une fois
165 grandie, lorsqu'elle pouvait monter à loisir[1], le charme
disparaissait, et elle disait au bout d'un mois qu'en
bas tout était bien plus gentil, et que rien ne valait
son chez-soi.

Souvent, le soir, les cinq sœurs, se tenant par le bras,
170 montaient ainsi à la surface de l'eau. Elles avaient des
voix enchanteresses comme nulle créature humaine, et,
si par hasard quelque orage leur faisait croire qu'un
navire allait sombrer, elles nageaient devant lui et
entonnaient des chants magnifiques sur la beauté du
175 fond de la mer, invitant les marins à leur rendre visite.
Mais ceux-ci ne pouvaient comprendre les paroles des
sirènes, et ils ne virent jamais les magnificences qu'elles
célébraient ; car, aussitôt le navire englouti, les hommes
se noyaient, et leurs cadavres seuls arrivaient au château
180 du roi de la mer.

Pendant l'absence de ses cinq sœurs, la plus jeune,
restée seule auprès de la fenêtre, les suivait du regard
et avait envie de pleurer. Mais une sirène n'a point de
larmes, et son cœur en souffre davantage.

185 « Oh ! si j'avais quinze ans ! disait-elle, je sens déjà
combien j'aimerais le monde d'en haut et les hommes
qui l'habitent. »

---

1. *À loisir :* autant de fois qu'elle le souhaitait.

La Petite Sirène

EXPRESSION ET COMPRÉHENSION

1. En vous aidant d'un dictionnaire, expliquez les expressions et mots suivants : « sa vieille mère dirigeait sa maison » (l. 21), « bâtiments naufragés » (l. 55), « cherchant à percer de ses regards l'épaisseur de l'eau bleue » (l. 85 et 86), « l'ardeur du soleil » (l. 126), « toutes les voiles furent serrées » (l. 158 et 159).

LES TEMPS FORTS DU RÉCIT

2. Donnez un titre à la toute première partie du conte, de « Bien loin dans la mer... » (l. 1) jusqu'à « ... reine » (l. 19).

3. Les lignes qui vont de « Depuis plusieurs années... » (l. 20) jusqu'à « ... villes » (l. 74), présentent la famille du roi de la mer :

a) précisez tout ce que vous savez sur le roi et sur la reine, sa mère ;
b) quelles sont les occupations des princesses ?
c) la plus jeune fille du roi de la mer est-elle semblable à ses sœurs ? pourquoi ?

4. Résumez en une seule phrase l'extrait qui commence par « L'année suivante... » (l. 75) et se termine à « ... narines » (l. 144).

5. Décrivez ce que chacune des cinq sœurs de la petite sirène découvre à la surface de l'eau, sur la terre, et ce qu'elle éprouve alors.

6. Dans quelle situation se trouve la petite sirène à la fin de cette première partie du conte ?

LE MONDE DES SIRÈNES

7. Qu'est-ce qui vous impressionne le plus dans l'évocation du monde des sirènes ? Dites pourquoi.

8. Trouvez des adjectifs qui qualifient cet univers. Vous expliquerez les raisons de votre choix.

9. Relevez toutes les indications que donne Andersen sur les couleurs des fonds marins. Quelle est la couleur dominante ?

10. Que savons-nous de la vie quotidienne et du caractère des personnages ? Sont-ils différents des êtres humains ? Pourquoi ?

Le jour vint où elle eut quinze ans.

« Tu vas partir, lui dit sa grand-mère, la vieille reine
190 douairière[1] ; viens que je fasse ta toilette comme à tes
sœurs. »

Et elle posa sur ses cheveux une couronne de lis
blancs dont chaque feuille était la moitié d'une perle ;
puis elle fit attacher à la queue de la princesse huit
195 grandes huîtres pour désigner son rang élevé.

« Comme elles me font mal ! dit la petite sirène.

— Si l'on veut être bien habillée, il faut souffrir un
peu », répliqua la vieille reine.

Cependant la jeune fille aurait volontiers rejeté tout
200 ce luxe et la lourde couronne qui pesait sur sa tête.
Les fleurs rouges de son jardin lui allaient beaucoup
mieux ; mais elle n'osa pas faire d'observations.

« Adieu ! » dit-elle ; et, légère comme une bulle de
savon, elle traversa l'eau.

205 Lorsque sa tête apparut à la surface de la mer, le
soleil venait de se coucher ; mais les nuages brillaient
encore comme des roses et de l'or, et l'étoile du soir
étincelait au milieu du ciel. L'air était doux et frais, la
mer paisible. Près de la petite sirène se trouvait un
210 navire à trois mâts ; il n'avait qu'une voile dehors, à
cause du calme, et les matelots étaient assis sur les
vergues[2] et sur les cordages. La musique et les chants
y résonnaient sans cesse, et à l'approche de la nuit on
alluma cent lanternes de diverses couleurs. Suspendues

---

1. *Douairière* : veuve qui touche les revenus de son mari. La vieille
reine a conservé son titre et les biens de son époux, le roi.
2. *Vergues* : poutres de bois qui soutiennent et orientent la voile.

Illustration anglaise de Levine Helmer,
datant des années 1910-1920. Coll. part.

215 aux cordages, on aurait cru voir les pavillons[1] de toutes
les nations. La petite sirène nagea jusqu'à la fenêtre de
la grande chambre, et, chaque fois que l'eau la soulevait,
elle apercevait à travers les vitres transparentes une
quantité d'hommes magnifiquement habillés. Le plus
220 beau d'entre eux était un jeune prince aux grands
cheveux noirs, âgé d'environ seize ans, et c'était
pour célébrer sa fête que tous ces préparatifs avaient
lieu.

Les matelots dansaient sur le pont, et, lorsque le
225 jeune prince s'y montra, cent fusées s'élevèrent dans
les airs, répandant une lumière comme celle du jour.
La petite sirène eut peur et s'enfonça dans l'eau ; mais
bientôt elle reparut, et alors toutes les étoiles du ciel
semblèrent pleuvoir sur elle. Jamais elle n'avait vu un
230 pareil feu d'artifice ; de grands soleils tournaient, des
poissons de feu fendaient l'air, et toute la mer, pure et
calme, brillait. Sur le navire on pouvait voir chaque
petit cordage, et encore mieux les hommes. Oh ! que
le jeune prince était beau ! il serrait la main à tout le
235 monde, parlait et souriait à chacun tandis que la musique
envoyait dans la nuit ses sons harmonieux.

Il était tard, mais la petite sirène ne put se lasser
d'admirer le vaisseau et le beau prince. Les lanternes
ne brillaient plus, et les coups de canon avaient cessé ;
240 toutes les voiles furent successivement déployées et le
vaisseau s'avança rapidement sur l'eau. La princesse le
suivit, sans détourner un instant ses regards de la

---

1. *Pavillons :* drapeaux.

fenêtre. Mais bientôt la mer commença à s'agiter ;
les vagues grossissaient, et de grands nuages noirs
245 s'amoncelaient dans le ciel. Dans le lointain brillaient
les éclairs, un orage terrible se préparait. Le vaisseau
se balançait sur la mer impétueuse[1], dans une marche
rapide. Les vagues, se dressant comme de hautes
montagnes, tantôt le faisaient rouler entre elles comme
250 un cygne, tantôt l'élevaient sur leur cime. La petite
sirène se plut d'abord à ce voyage accidenté ; mais,
lorsque le vaisseau, subissant de violentes secousses,
commença à craquer, lorsque tout à coup le mât se
brisa comme un jonc, et que le vaisseau se pencha
255 d'un côté tandis que l'eau pénétrait dans la cale, alors
elle comprit le danger, et elle dut prendre garde elle-
même aux poutres et aux débris qui s'en détachaient.

   Par moments il se faisait une telle obscurité, qu'elle
ne distinguait absolument rien ; d'autres fois, les éclairs
260 lui rendaient visibles les moindres détails de cette scène.
L'agitation était à son comble sur le navire ; encore une
secousse ! il se fendit tout à fait, et elle vit le jeune
prince s'engloutir dans la mer profonde. Transportée de
joie, elle crut qu'il allait descendre dans sa demeure ;
265 mais elle se rappela que les hommes ne peuvent vivre
dans l'eau, et que par conséquent il arriverait mort au
château de son père. Alors, pour le sauver, elle traversa
à la nage les poutres et les planches éparses sur la mer,
au risque de se faire écraser, plongea profondément
270 sous l'eau à plusieurs reprises, et ainsi elle arriva jusqu'au

---

1. *Impétueuse* : déchaînée, tumultueuse.

jeune prince, au moment où ses forces commençaient
à l'abandonner et où il fermait déjà les yeux, près de
mourir. La petite sirène le saisit, soutint sa tête au-
dessus de l'eau, puis s'abandonna avec lui au caprice
275 des vagues.

Le lendemain matin, le beau temps était revenu, mais
il ne restait plus rien du vaisseau. Un soleil rouge, aux
rayons pénétrants, semblait rappeler la vie sur les joues
du prince ; mais ses yeux restaient toujours fermés. La
280 sirène déposa un baiser sur son front et releva ses
cheveux mouillés. Elle lui trouva une ressemblance avec
la statue de marbre de son petit jardin, et fit des vœux
pour son salut[1]. Elle passa devant la terre ferme, couverte
de hautes montagnes bleues à la cime desquelles brillait
285 la neige blanche. Au pied de la côte, au milieu d'une
superbe forêt verte, s'étendait un village avec une église
ou un couvent. En dehors des portes s'élevaient de
grands palmiers, et dans les jardins croissaient des
orangers et des citronniers ; non loin de cet endroit, la
290 mer formait un petit golfe s'allongeant jusqu'à un rocher
couvert d'un sable fin et blanc. C'est là que la sirène
déposa le prince, ayant soin de lui tenir la tête haute
et de la présenter aux rayons du soleil.

Bientôt les cloches de l'église commencèrent à sonner,
295 et une quantité de jeunes filles apparurent dans un des
jardins. La petite sirène s'éloigna en nageant, et se cacha
derrière quelques grosses pierres pour observer ce qui
arriverait au pauvre prince.

Quelques moments après, une des jeunes filles vint

---

1. *Pour son salut :* pour qu'il ait la vie sauve, qu'il ne meure pas.

Illustration de L. Hutschenreuter (XIXe siècle).
Bibliothèque des Arts décoratifs, Paris.

300 à passer devant lui ; d'abord elle parut s'effrayer, mais, se remettant aussitôt, elle courut chercher d'autres personnes qui prodiguèrent[1] au prince toutes espèces de soins. La sirène le vit reprendre ses sens et sourire à tous ceux qui l'entouraient ; à elle seule il ne sourit 305 pas, ignorant qui l'avait sauvé. Aussi, lorsqu'elle le vit conduire dans une grande maison, elle plongea tristement et retourna au château de son père.

Elle avait toujours été silencieuse et réfléchie ; à partir de ce jour, elle le devint encore davantage. Ses sœurs 310 la questionnèrent sur ce qu'elle avait vu là-haut, mais elle ne raconta rien.

Plus d'une fois, le soir et le matin, elle retourna à l'endroit où elle avait laissé le prince. Elle vit mûrir les fruits du jardin, elle vit fondre la neige sur les hautes 315 montagnes, mais elle ne vit pas le prince ; et elle retournait toujours plus triste au fond de la mer. Là, sa seule consolation était de s'asseoir dans son petit jardin et d'entourer de ses bras la jolie statuette de marbre qui ressemblait au prince, tandis que ses fleurs 320 négligées, oubliées, s'allongeaient dans les allées comme dans un lieu sauvage, entrelaçaient leurs longues tiges dans les branches des arbres, et formaient ainsi des voûtes épaisses qui obstruaient la lumière.

Enfin cette existence lui devint insupportable ; elle 325 confia tout à une de ses sœurs, qui le raconta aussitôt aux autres, mais à elles seules, et à quelques autres sirènes qui ne le répétèrent qu'à leurs amies intimes. Il se trouva qu'une de ces dernières, ayant vu aussi la

---

1. *Prodiguèrent :* donnèrent.

fête célébrée sur le vaisseau, connaissait le prince et
330 savait l'endroit où était situé son royaume.

« Viens, petite sœur », dirent les autres princesses ;
et, s'entrelaçant les bras sur les épaules, elles s'élevèrent
en file sur la mer devant le château du prince.

Ce château était construit de pierres jaunes et
335 luisantes ; de grands escaliers de marbre conduisaient à
l'intérieur et au jardin ; plusieurs dômes[1] dorés brillaient
sur le toit, et, entre les colonnes des galeries, se
trouvaient des statues de marbre qui paraissaient vivantes.
Les salles, magnifiques, étaient ornées de rideaux et de
340 tapis incomparables, et les murs couverts de grandes
peintures. Dans le grand salon, le soleil réchauffait, à
travers un plafond de cristal, les plantes les plus rares,
qui poussaient dans un grand bassin au-dessous de
plusieurs jets d'eau.

345 Dès lors, la petite sirène revint souvent à cet endroit,
la nuit comme le jour ; elle s'approchait de la côte, et
osait même s'asseoir sous le grand balcon de marbre
qui projetait son ombre bien avant sur les eaux. De là,
elle voyait au clair de lune le jeune prince, qui se
350 croyait seul ; souvent, au son de la musique, il passa
devant elle dans un riche bateau pavoisé, et ceux qui
apercevaient son voile blanc dans les roseaux verts la
prenaient pour un cygne ouvrant ses ailes.

Elle entendait aussi les pêcheurs dire beaucoup de
bien du jeune prince, et alors elle se réjouissait de lui
avoir sauvé la vie, quoiqu'il l'ignorât complètement. Son

---

1. *Dômes* : toits de forme arrondie qui surmontent certains édifices,
des cathédrales par exemple.

affection pour les hommes croissait de jour en jour ;
de jour en jour aussi elle désirait davantage s'élever
jusqu'à eux. Leur monde lui semblait bien plus vaste
360 que le sien ; ils savaient franchir la mer avec des navires,
grimper sur les hautes montagnes au-delà des nues ; ils
jouissaient d'immenses forêts et de champs verdoyants.
Ses sœurs ne pouvant satisfaire toute sa curiosité, elle
questionna sa vieille grand-mère, qui connaissait bien le
365 monde plus élevé, celui qu'elle appelait à juste titre les
pays au-dessus de la mer.

« Si les hommes ne se noient pas, demanda la
jeune princesse, est-ce qu'ils vivent éternellement ? Ne
meurent-ils pas comme nous ?

370 — Sans doute, répondit la vieille, ils meurent, et
leur existence est même plus courte que la nôtre. Nous
autres, nous vivons quelquefois trois cents ans ; puis,
cessant d'exister, nous nous transformons en écume,
car au fond de la mer ne se trouvent point de tombes
375 pour recevoir les corps inanimés. Notre âme n'est pas
immortelle ; avec la mort tout est fini. Nous sommes
comme les roseaux verts : une fois coupés, ils ne
verdissent plus jamais ! Les hommes, au contraire,
possèdent une âme qui vit éternellement, qui vit après
380 que leur corps s'est changé en poussière ; cette âme
monte à travers la subtilité de l'air jusqu'aux étoiles qui
brillent, et, de même que nous nous élevons du fond
des eaux pour voir le pays des hommes, ainsi eux
s'élèvent à de délicieux endroits immenses, inaccessibles
385 aux peuples de la mer.

— Mais pourquoi n'avons-nous pas aussi une âme
immortelle ? dit la petite sirène affligée ; je donnerais
volontiers les centaines d'années qui me restent à vivre

pour être homme, ne fût-ce qu'un jour, et participer
390 ensuite au monde céleste[1].

— Ne pense pas à de pareilles sottises, répliqua la
vieille ; nous sommes bien plus heureux ici en bas que
les hommes là-haut.

— Il faut donc un jour que je meure ; je ne serai
395 plus qu'un peu d'écume ; pour moi plus de murmure
des vagues, plus de fleurs, plus de soleil ! N'est-il donc
aucun moyen pour moi d'acquérir une âme immortelle ?

— Un seul, mais à peu près impossible. Il faudrait
qu'un homme conçût pour toi un amour infini, que tu
400 lui devinsses plus chère que son père et sa mère. Alors,
attaché à toi de toute son âme et de tout son cœur,
s'il faisait unir par un prêtre sa main droite à la tienne
en promettant une fidélité éternelle, son âme se
communiquerait à ton corps, et tu serais admise au
405 bonheur des hommes. Mais jamais une telle chose ne
pourra se faire ! Ce qui passe ici dans la mer pour la
plus grande beauté, ta queue de poisson, ils la trouvent
détestable sur la terre. Pauvres hommes ! pour être
beaux, ils s'imaginent qu'il leur faut deux supports
410 grossiers, qu'ils appellent jambes ! »

La petite sirène soupira tristement en regardant sa
queue de poisson.

« Soyons gaies ! dit la vieille ; sautons et amusons-
nous le plus possible pendant les trois cents années de
415 notre existence ; c'est, ma foi, un laps de temps assez
gentil, nous nous reposerons d'autant mieux après. Ce
soir il y a bal à la cour. »

---

1. *Céleste* : du ciel.

On ne peut se faire une idée sur la terre d'une pareille magnificence. La grande salle de danse tout
420 entière n'était que de cristal ; des milliers de coquillages énormes, rangés de chaque côté, éclairaient la salle d'une lumière bleuâtre, qui, à travers les murs transparents, illuminait aussi la mer au-dehors. On y voyait nager d'innombrables poissons, grands et petits,
425 couverts d'écailles luisantes comme de la pourpre, de l'or et de l'argent.

Au milieu de la salle, coulait une large rivière, sur laquelle dansaient les dauphins et les sirènes au son de leur propre voix, qui était superbe. La petite sirène fut
430 celle qui chanta le mieux, et on l'applaudit si fort, que pendant un instant la satisfaction lui fit oublier les merveilles de la terre. Mais bientôt elle reprit ses anciens chagrins, pensant au beau prince et à son âme immortelle. Elle quitta le chant et les rires, sortit tout doucement
435 du château, et s'assit dans son petit jardin. Là, elle entendit le son des cors[1] qui pénétrait l'eau.

« Le voilà qui passe, celui que j'aime de tout mon cœur et de toute mon âme, celui qui occupe toutes mes pensées, à qui je voudrais confier le bonheur de
440 ma vie ! Je risquerais tout pour lui et pour gagner une âme immortelle. Pendant que mes sœurs dansent dans le château de mon père, je vais aller trouver la sorcière de la mer, que j'ai tant eue en horreur jusqu'à ce jour. Elle pourra peut-être me donner des conseils et me
445 venir en aide. »

---

1. *Cors* : instruments de musique à vent.

La Petite Sirène

EXPRESSION ET COMPRÉHENSION

1. En vous aidant d'un dictionnaire, expliquez les expressions et les mots suivants : « répliqua » (l. 198), « paisible » (l. 209), « se brisa comme un jonc » (l. 254), « l'agitation était à son comble » (l. 261), « un riche bateau pavoisé » (l. 351), « la subtilité de l'air » (l. 381).

2. Quels sont les mots du texte qui expriment l'impatience de la petite sirène le jour de ses quinze ans ?

3. Relevez toutes les expressions qui décrivent la tempête.

4. Comment se termine la fête à bord du bateau ? Que fait alors la petite sirène ? Comment Andersen exprime-t-il la tristesse de celle-ci lorsqu'elle retourne chez son père ?

5. Quelle décision prend la petite sirène à la fin de cet extrait ?

LA RENCONTRE DU PRINCE

6. Comment est présenté le prince ? Vous rappelle-t-il d'autres princes ? Lesquels ?

7. Quels sont les sentiments de la petite sirène à l'égard du prince avant et après le naufrage ? quand elle retourne chez son père ? pendant le bal ?

À VOUS !

8. À votre avis, la petite sirène agit-elle en véritable héroïne ? Pourquoi ?

9. Présentez les deux univers que vous venez de découvrir et précisez tout ce qui sépare le prince et la sirène.

10. Imaginez l'entrevue entre la petite sirène et la sorcière de la mer.

11. À votre avis, pourquoi Andersen a-t-il introduit l'épisode (voir p. 202) de la fête chez les sirènes dans cette partie du conte ? Pensez-vous que cela enrichisse ce passage ? Pourquoi ?

Et la petite sirène, sortant de son jardin, se dirigea vers les tourbillons mugissants[1] derrière lesquels demeurait la sorcière. Jamais elle n'avait suivi ce chemin. Pas une fleur ni un brin d'herbe n'y poussait. Le fond de sable,
450 gris et nu, s'étendait jusqu'à l'endroit où l'eau, comme des meules de moulin, tournait rapidement sur elle-même, engloutissant tout ce qu'elle pouvait attraper. La princesse se vit obligée de traverser ces terribles tourbillons pour arriver aux domaines de la sorcière,
455 dont la maison s'élevait au milieu d'une forêt étrange. Tous les arbres et tous les buissons n'étaient que des polypes[2], moitié animaux, moitié plantes, pareils à des serpents à cent têtes sortant de terre. Les branches étaient des bras longs et gluants, terminés par des doigts
460 en forme de vers, et qui remuaient continuellement. Ces bras s'enlaçaient sur tout ce qu'ils pouvaient saisir, et ne le lâchaient plus.

La petite sirène, prise de frayeur, aurait voulu s'en retourner ; mais, en pensant au prince et à l'âme de
465 l'homme, elle s'arma de tout son courage. Elle attacha autour de sa tête sa longue chevelure flottante, pour que les polypes ne pussent la saisir, croisa ses bras sur sa poitrine, et nagea ainsi, rapide comme un poisson, parmi ces vilaines créatures dont chacune serrait comme
470 avec des liens de fer quelque chose entre ses bras, soit des squelettes blancs de naufragés, soit des rames, des

---

1. *Mugissants* : qui font un bruit ressemblant aux cris de la vache.
2. *Polypes* : petits animaux marins, qui possèdent, comme les méduses, de nombreux tentacules.

caisses ou des carcasses d'animaux. Pour comble d'effroi, la princesse en vit une qui enlaçait une petite sirène étouffée.

475 Enfin elle arriva à une grande place dans la forêt, où de gros serpents de mer se roulaient en montrant leur hideux ventre jaunâtre. Au milieu de cette place se trouvait la maison de la sorcière, construite avec les os des naufragés, et où la sorcière, assise sur une grosse

480 pierre, donnait à manger à un crapaud dans sa main, comme les hommes font manger du sucre aux petits canaris. Elle appelait les affreux serpents ses petits poulets, et se plaisait à les faire rouler sur sa grosse poitrine spongieuse[1].

485 « Je sais ce que tu veux, s'écria-t-elle en apercevant la princesse ; tes désirs sont stupides ; néanmoins je m'y prêterai, car je sais qu'ils te porteront malheur. Tu veux te débarrasser de ta queue de poisson, et la remplacer par deux de ces pièces avec lesquelles marchent

490 les hommes, afin que le prince s'amourache de toi, t'épouse et te donne une âme immortelle. »

À ces mots elle éclata d'un rire épouvantable, qui fit tomber à terre le crapaud et les serpents.

« Enfin tu as bien fait de venir ; demain, au lever du

495 soleil, c'eût été trop tard, et il t'aurait fallu attendre encore une année. Je vais te préparer un élixir que tu emporteras à terre avant le point du jour. Assieds-toi sur la côte, et bois-le. Aussitôt ta queue se rétrécira et

---

1. *Spongieuse* : qui s'imbibe de liquide comme une éponge.

Illustration anglaise de Harry Clarke, vers 1910.
Bibliothèque des Arts décoratifs, Paris.

se partagera en ce que les hommes appellent deux
500 belles jambes. Mais je te préviens que cela te fera
souffrir comme si l'on te coupait avec une épée
tranchante. Tout le monde admirera ta beauté, tu
conserveras ta marche légère et gracieuse, mais chacun
de tes pas te causera autant de douleur que si tu
505 marchais sur des pointes d'épingle et fera couler ton
sang. Si tu veux endurer toutes ces souffrances, je
consens à t'aider.

— Je les supporterai ! dit la sirène d'une voix
tremblante, en pensant au prince et à l'âme immortelle.
510 — Mais souviens-toi, continua la sorcière, qu'une
fois changée en être humain, jamais tu ne pourras
redevenir sirène ! Jamais tu ne reverras le château de
ton père ; et si le prince, oubliant son père et sa mère,
ne s'attache pas à toi de tout son cœur et de toute
515 son âme, ou s'il ne veut pas faire bénir votre union
par un prêtre, tu n'auras jamais une âme immortelle.
Le jour où il épousera une autre femme, ton cœur se
brisera, et tu ne seras plus qu'un peu d'écume sur la
cime des vagues.
520 — J'y consens, dit la princesse, pâle comme la mort.
— En ce cas, poursuivit la sorcière, il faut aussi que
tu me payes ; et je ne demande pas peu de chose. Ta
voix est la plus belle parmi celles du fond de la mer,
tu penses avec elle enchanter le prince, mais c'est
525 précisément ta voix que j'exige en payement. Je veux
ce que tu as de plus beau en échange de mon précieux
élixir ; car, pour le rendre bien efficace, je dois y verser
mon propre sang.

— Mais si tu prends ma voix, demanda la petite
530 sirène, que me restera-t-il ?

— Ta charmante figure, répondit la sorcière, ta marche légère et gracieuse, et tes yeux expressifs : cela suffit pour entortiller le cœur d'un homme. Allons ! du courage ! Tire ta langue, que je la coupe, puis je te
535 donnerai l'élixir.

— Soit ! » répondit la princesse, et la sorcière lui coupa la langue. La pauvre enfant resta muette.

Là-dessus, la sorcière mit son chaudron sur le feu, pour faire bouillir la boisson magique.

540 « La propreté est une bonne chose », dit-elle en prenant un paquet de vipères pour nettoyer le chaudron. Puis, se faisant une entaille dans la poitrine, elle laissa couler son sang noir dans le chaudron.

Une vapeur épaisse en sortit, formant des figures
545 bizarres, affreuses. À chaque instant, la vieille ajoutait un nouvel ingrédient, et, lorsque le mélange bouillit à gros bouillons, il rendit un son pareil aux gémissements du crocodile. L'élixir, une fois préparé, ressemblait à de l'eau claire.

550 « Le voici, dit la sorcière, après l'avoir versé dans une fiole. Si les polypes voulaient te saisir, quand tu t'en retourneras par ma forêt, tu n'as qu'à leur jeter une goutte de cette boisson, et ils éclateront en mille morceaux. »

555 Ce conseil était inutile ; car les polypes, en apercevant l'élixir qui luisait dans la main de la princesse comme une étoile, reculèrent effrayés devant elle. Ainsi, elle traversa la forêt et les tourbillons mugissants.

Quand elle arriva au château de son père, les lumières
560 de la grande salle de danse étaient éteintes ; tout le monde dormait, sans doute, mais elle n'osa pas entrer. Elle ne pouvait plus leur parler, et bientôt elle allait les

quitter pour jamais. Il lui semblait que son cœur se
brisait de chagrin. Elle se glissa ensuite dans le jardin,
565 cueillit une fleur de chaque parterre de ses sœurs,
envoya du bout des doigts mille baisers au château, et
monta à la surface de la mer.

Le soleil ne s'était pas encore levé lorsqu'elle vit le
château du prince. Elle s'assit sur la côte, et but l'élixir ;
570 ce fut comme si une épée effilée lui traversait le corps ;
elle s'évanouit et resta comme morte. Le soleil brillait
déjà sur la mer lorsqu'elle se réveilla, éprouvant une
douleur cuisante. Mais en face d'elle était le beau prince,
qui attachait sur elle ses yeux noirs. La petite sirène
575 baissa les siens, et alors elle vit que sa queue de poisson
avait disparu, et que deux jambes blanches et gracieuses
la remplaçaient.

Le prince lui demanda qui elle était et d'où elle
venait ; elle le regarda d'un air doux et affligé, sans
580 pouvoir dire un mot. Puis le jeune homme la prit par
la main et la conduisit au château. Chaque pas, comme
avait dit la sorcière, lui causait des douleurs atroces ;
cependant, au bras du prince, elle monta l'escalier de
marbre, légère comme une bulle de savon, et tout le
585 monde admira sa marche gracieuse. On la revêtit de
soie et de mousseline, sans pouvoir assez admirer sa
beauté ; mais elle restait toujours muette. Des esclaves,
habillées de soie et d'or, chantaient devant le prince les
exploits de ses ancêtres ; elles chantaient bien, et le
590 prince les applaudissait en souriant à la jeune fille.

« S'il savait, pensa-t-elle, que pour lui j'ai sacrifié une
voix plus belle encore ! »

Après le chant, les esclaves exécutèrent une danse
gracieuse au son d'une musique charmante. Mais lorsque

49

595 la petite sirène se mit à danser, élevant ses bras blancs
et se tenant sur la pointe des pieds, sans toucher
presque le plancher, tandis que ses yeux parlaient au
cœur mieux que le chant des esclaves, tous furent ravis
en extase ; le prince s'écria qu'elle ne le quitterait
600 jamais, et lui permit de dormir à sa porte sur un coussin
de velours. Tout le monde ignorait les souffrances
qu'elle avait endurées en dansant.

Le lendemain, le prince lui donna un costume
d'amazone pour qu'elle le suivît à cheval. Ils traversèrent
605 ainsi les forêts parfumées et gravirent les hautes
montagnes ; la princesse, tout en riant, sentait saigner
ses pieds.

La nuit, lorsque les autres dormaient, elle descendit
secrètement l'escalier de marbre et se rendit à la
610 côte pour rafraîchir ses pieds brûlants dans l'eau froide
de la mer, et le souvenir de sa patrie revint à son
esprit.

Une nuit, elle aperçut ses sœurs se tenant par la
main ; elles chantaient si tristement en nageant, que la
615 petite sirène ne put s'empêcher de leur faire signe.
L'ayant reconnue, elles lui racontèrent combien elle leur
avait causé de chagrin. Toutes les nuits elles revinrent,
et, une fois, elles amenèrent aussi la vieille grand-mère,
qui depuis nombre d'années n'avait pas mis la tête hors
620 de l'eau, et le roi de la mer avec sa couronne de corail.
Tous les deux étendirent leurs mains vers leur fille ;
mais ils n'osèrent pas, comme ses sœurs, s'approcher
de la côte.

Tous les jours, le prince l'aimait de plus en plus,
625 mais il l'aimait comme on aime une enfant bonne et

gentille, sans avoir l'idée d'en faire sa femme. Cependant, pour qu'elle eût une âme immortelle et qu'elle ne devînt pas un jour un peu d'écume, il fallait que le prince épousât la sirène.

630 « Ne m'aimes-tu pas mieux que toutes les autres ? voilà ce que semblaient dire les yeux de la pauvre petite lorsque, la prenant dans ses bras, il déposait un baiser sur son beau front.

— Certainement, répondit le prince, car tu as meilleur
635 cœur que toutes les autres ; tu m'es plus dévouée, et tu ressembles à une jeune fille que j'ai vue un jour, mais que sans doute je ne reverrai jamais. Me trouvant sur un navire qui fit naufrage, je fus poussé à terre par les vagues, près d'un couvent[1] habité par plusieurs jeunes
640 filles. La plus jeune d'entre elles me trouva sur la côte, et me sauva la vie, mais je ne la vis que deux fois. Jamais, dans le monde, je ne pourrai aimer une autre qu'elle ; eh bien ! tu lui ressembles, quelquefois même tu remplaces son image dans mon âme.

645 — Hélas ! pensa la petite sirène, il ignore que c'est moi qui l'ai porté à travers les flots jusqu'au couvent pour le sauver. Il en aime une autre ? Cependant cette jeune fille est enfermée dans un couvent, elle ne sort jamais ; peut-être l'oubliera-t-il pour moi, pour moi qui
650 l'aimerai et lui serai dévouée toute ma vie. »

« Le prince va épouser la charmante fille du roi voisin, dit-on un jour ; il équipe un superbe navire sous

---

1. *Couvent :* maison religieuse où les jeunes filles de bonne famille faisaient leurs études.

prétexte de rendre seulement visite au roi, mais la vérité est qu'il va épouser sa fille. » Cela fit sourire la sirène,
655 qui savait mieux que personne les pensées du prince, car il lui avait dit : « Puisque mes parents l'exigent, j'irai voir la belle princesse, mais jamais ils ne me forceront à la ramener pour en faire ma femme. Je ne puis l'aimer ; elle ne ressemble pas, comme toi, à la
660 jeune fille du couvent, et je préférerais t'épouser, toi, pauvre enfant trouvée, aux yeux si expressifs, malgré ton éternel silence. »

Le prince partit.

En parlant ainsi, il avait déposé un baiser sur sa
665 longue chevelure.

« J'espère que tu ne crains pas la mer, mon enfant », lui dit-il sur le navire qui les emportait.

Puis il lui parla des tempêtes et de la mer en fureur, des étranges poissons et de tout ce que les plongeurs
670 trouvent au fond des eaux. Ces discours la faisaient sourire, car elle connaissait le fond de la mer mieux que personne assurément[1].

Au clair de la lune, lorsque les autres dormaient, assise sur le bord du vaisseau, elle plongeait ses regards
675 dans la transparence de l'eau, croyant apercevoir le château de son père, et sa vieille grand-mère les yeux fixés sur la carène. Une nuit, ses sœurs lui apparurent ; elles la regardaient tristement et se tordaient les mains. La petite les appela par des signes, et s'efforça de leur

---

1. *Assurément :* sans aucun doute.

680 faire entendre que tout allait bien ; mais au même
instant le mousse s'approcha, et elles disparurent en
laissant croire au petit marin qu'il n'avait vu que l'écume
de la mer.

Le lendemain, le navire entra dans le port de la ville
685 où résidait le roi voisin. Toutes les cloches sonnèrent,
la musique retentit du haut des tours, et les soldats se
rangèrent sous leurs drapeaux flottants. Tous les jours
ce n'étaient que fêtes, bals, soirées ; mais la princesse
n'était pas encore arrivée du couvent, où elle avait reçu
690 une brillante éducation.

La petite sirène était bien curieuse de voir sa beauté ;
elle eut enfin cette satisfaction. Elle dut reconnaître que
jamais elle n'avait vu une si belle figure, une peau si
blanche et de grands yeux noirs si séduisants.

695 « C'est toi ! s'écria le prince en l'apercevant, c'est toi
qui m'as sauvé la vie sur la côte » ; et il serra dans ses
bras sa fiancée rougissante. « C'est trop de bonheur !
continua-t-il en se tournant vers la petite sirène. Mes
vœux les plus ardents sont accomplis ! Tu partageras
700 ma félicité[1], car tu m'aimes mieux que tous les autres. »

L'enfant de la mer baisa la main du prince, bien
qu'elle se sentît le cœur brisé.

Le jour de la noce de celui qu'elle aimait, elle devait
mourir et se changer en écume.

---

1. *Félicité :* bonheur.

La Petite Sirène

EXPRESSION ET COMPRÉHENSION

1. À l'aide d'un dictionnaire, expliquez les expressions et les mots suivants : « pour comble d'effroi » (l. 472), « hideux » (l. 477), « deux de ces pièces » (l. 489), « élixir » (l. 496), « effilée » (l. 570), « atroces » (l. 582), « ravis en extase » (l. 598).

2. En relisant l'extrait qui va de « Et la petite sirène... » (l. 446) jusqu'à « ... poitrine spongieuse » (l. 484), montrez que les lieux où habite la sorcière sont à l'image du personnage. Vous relèverez dans ce passage les expressions et les images qui évoquent le dégoût et la peur.

3. Pourquoi la sorcière consent-elle à aider la petite sirène ? Relevez la phrase où elle donne ses raisons et commentez-la.

CHEZ LA SORCIÈRE

4. Quel « marché » la petite sirène conclut-elle avec la sorcière ?

5. Que savez-vous du pouvoir de la voix des sirènes ? Quelle sorte d'être deviendra la petite sirène quand elle aura perdu et sa queue et sa voix ? En est-elle consciente ? Pourquoi fait-elle un sacrifice aussi important ? Citez le texte.

AUPRÈS DU PRINCE

6. Quels sont les sentiments du prince à l'égard de la petite sirène ? Quels sont les sentiments de la petite sirène à l'égard du prince ? Que pouvez-vous en conclure ?

7. Une fois son rêve réalisé (vivre auprès du prince), la petite sirène est-elle heureuse ? Pourquoi ?

8. Que fait la famille de la petite sirène quand celle-ci vit sur terre auprès du prince ? À votre avis, quels sentiments éprouve sa famille ?

À VOUS !

9. Le conte aurait pu se terminer ici, or il continue. Faites une liste des événements qui peuvent désormais se produire selon que l'histoire finit bien ou mal.

705 La joie régnait partout ; des hérauts annoncèrent les fiançailles dans toutes les rues au son des trompettes. Dans la grande église, une huile parfumée brûlait dans des lampes d'argent, les prêtres agitaient les encensoirs ; les deux fiancés se donnèrent la main et reçurent la
710 bénédiction de l'évêque. Habillée de soie et d'or, la petite sirène assistait à la cérémonie ; mais elle ne pensait qu'à sa mort prochaine et à tout ce qu'elle avait perdu dans ce monde.

Le même soir, les deux jeunes époux s'embarquèrent
715 au bruit des salves d'artillerie. Tous les pavillons flottaient, et au milieu du vaisseau se dressait une tente royale d'or et de pourpre, où l'on avait préparé un magnifique lit de repos. Les voiles s'enflèrent, et le vaisseau glissa légèrement sur la mer limpide.

720 À l'approche de la nuit, on alluma des lampes de diverses couleurs, et les marins se mirent à danser joyeusement sur le pont. La petite sirène se rappela alors la soirée où, pour la première fois, elle avait vu le monde des hommes. Elle se mêla à la danse, légère
725 comme une hirondelle, et elle se fit admirer comme un être surhumain. Mais il est impossible d'exprimer ce qui se passait dans son cœur ; au milieu de la danse elle pensait à celui pour qui elle avait quitté sa famille et sa patrie, sacrifié sa voix merveilleuse et subi des
730 tourments inouïs. Cette nuit était la dernière où elle respirait le même air que lui, où elle pouvait regarder la mer profonde et le ciel étoilé. Une nuit éternelle, une nuit sans rêve l'attendait, puisqu'elle n'avait pas une âme immortelle. Jusqu'à minuit la joie et la gaieté
735 régnèrent autour d'elle ; elle-même riait et dansait, la mort dans le cœur.

Enfin le prince et la princesse se retirèrent dans leur tente ; tout devint silencieux, et le pilote resta seul debout près du gouvernail. La petite sirène, appuyée
740 sur ses bras blancs au bord du navire, regardait vers l'orient, du côté de l'aurore ; elle savait que le premier rayon du soleil allait la tuer.

Soudain ses sœurs sortirent de la mer, aussi pâles qu'elle-même ; leur longue chevelure ne flottait plus au
745 vent, on l'avait coupée.

« Nous l'avons donnée à la sorcière, dirent-elles, pour qu'elle te vienne en aide et te sauve de la mort. Elle nous a donné un couteau bien affilé que voici. Avant le lever du soleil, il faut que tu l'enfonces dans le cœur
750 du prince, et, lorsque son sang encore chaud tombera sur tes pieds, ils se joindront et se changeront en une queue de poisson. Tu redeviendras sirène ; tu pourras redescendre dans l'eau près de nous, et ce n'est qu'à l'âge de trois cents ans que tu disparaîtras en écume.
755 Mais dépêche-toi ! car avant le lever du soleil, il faut que l'un de vous deux meure. Tue-le, et reviens ! Vois-tu cette raie rouge à l'horizon ? dans quelques minutes le soleil paraîtra, et tout sera fini pour toi ! »

Puis, poussant un profond soupir, elles s'enfoncèrent
760 dans les vagues.

La petite sirène écarta le rideau de la tente, et elle vit la jeune femme endormie, la tête appuyée sur la poitrine du prince. Elle s'approcha d'eux, s'inclina, et déposa un baiser sur le front de celui qu'elle avait tant
765 aimé. Ensuite elle tourna ses regards vers l'aurore, qui luisait de plus en plus, regarda alternativement le couteau tranchant et le prince qui prononçait en rêvant le nom de son épouse, leva l'arme d'une main tremblante, et...

la lança loin dans les vagues. Là où tomba le couteau,
770 des gouttes de sang semblèrent rejaillir de l'eau. La
sirène jeta encore un regard sur le prince, et se précipita
dans la mer, où elle sentit son corps se dissoudre en
écume.

À ce moment, le soleil sortit des flots ; ses rayons
775 doux et bienfaisants tombaient sur l'écume froide, et la
petite sirène ne se sentait pas morte ; elle vit le soleil
brillant, les nuages de pourpre, et au-dessus d'elle
flottaient mille créatures transparentes et célestes. Leurs
voix formaient une mélodie ravissante, mais si subtile,
780 que nulle oreille humaine ne pouvait l'entendre, comme
nul œil humain ne pouvait voir ces créatures. L'enfant
de la mer s'aperçut qu'elle avait un corps semblable
aux leurs, et qui se dégageait peu à peu de l'écume.

« Où suis-je ? demanda-t-elle avec une voix dont
785 aucune musique ne peut donner l'idée.

— Chez les filles de l'air, répondirent les autres. La
sirène n'a point d'âme immortelle, et elle ne peut en
acquérir une que par l'amour d'un homme ; sa vie
éternelle dépend d'un pouvoir étranger. Comme la
790 sirène, les filles de l'air n'ont pas une âme immortelle,
mais elles peuvent en gagner une par leurs bonnes
actions. Nous volons dans les pays chauds, où l'air
pestilentiel tue les hommes, pour y ramener la fraîcheur ;
nous répandons dans l'atmosphère le parfum des fleurs ;
795 partout où nous passons, nous apportons des secours
et nous ramenons la santé. Lorsque nous avons fait le
bien pendant trois cents ans, nous recevons une âme
immortelle, afin de participer à l'éternelle félicité des
hommes. Pauvre petite sirène, tu as fait de tout ton
800 cœur les mêmes efforts que nous ; comme nous tu as

La Petite Sirène, d'Edvard Eriksen
(né à Copenhague en 1876). Vieux port
de Copenhague, au large de la promenade de Langelinie.

souffert, et, sortie victorieuse de tes épreuves, tu t'es élevée jusqu'au monde des esprits de l'air, où il ne dépend que de toi de gagner une âme immortelle par tes bonnes actions. »

805 Et la petite sirène, élevant ses bras vers le ciel, versa des larmes pour la première fois. Les accents de la gaieté se firent entendre de nouveau sur le navire ; mais elle vit le prince et sa belle épouse regarder fixement avec mélancolie l'écume bouillonnante, comme s'ils
810 savaient qu'elle s'était précipitée dans les flots. Invisible, elle embrassa la femme du prince, jeta un sourire à l'époux, puis monta avec les autres enfants de l'air sur un nuage rose qui s'éleva dans le ciel.

Traduction de D. Soldi, E. Grégoire et L. Moland.

La Petite Sirène

EXPRESSION ET COMPRÉHENSION

1. En vous aidant d'un dictionnaire, expliquez les expressions et mots suivants : « hérauts » (l. 705), « des salves d'artillerie » (l. 715), « tous les pavillons flottaient » (l. 715), « limpide » (l. 719), « un couteau bien affilé » (l. 748), « une mélodie ravissante » (l. 779), « subtile » (l. 774), « l'air pestilentiel » (l. 792).

2. Quels sont les « tourments inouïs » (l. 730) endurés par la petite sirène ?

LES TEMPS FORTS DU RÉCIT

3. Alors que la petite sirène sait qu'elle est condamnée à mourir, quel événement survient ?

4. Qu'ont fait les cinq sirènes pour sauver leur sœur ? Qu'en déduisez-vous ?

À VOUS !

5. Vous avez découvert trois univers différents : celui du peuple de la mer, celui des filles de l'air et celui du prince. Qu'ont-ils en commun ? Lequel préférez-vous ? Pour quelles raisons ?

6. Qu'est-ce qui distingue particulièrement les filles de l'air des sirènes et des êtres vivant sur terre ?

QUESTIONS SUR L'ENSEMBLE DU CONTE

1. En quels termes Andersen présente-t-il l'univers de la mer ? de la terre ? des airs ?

2. Décrivez la vie dans chacun de ces éléments.

3. Cherchez dans le dictionnaire la définition du mot « péripétie » et retracez les différentes péripéties de la petite sirène.

4. La petite sirène a-t-elle changé au cours du conte ? En décrivant ce personnage, définissez ce qui caractérise une héroïne.

5. Quels sont les temps utilisés par le narrateur (voir p. 204) ? de quel mode s'agit-il ? Pourquoi, à votre avis, le conteur a-t-il choisi ceux-ci plutôt que d'autres ? Pour répondre, vous comparerez *la Petite Sirène* avec d'autres contes de votre choix.

Jean Balourd

Au fond d'une province, il y a bien longtemps de cela, se trouvait un vieux château où demeurait un vieux seigneur. Il avait deux fils qui se croyaient chacun tant d'esprit et de savoir que la moitié aurait suffi
5 largement pour faire un homme distingué.

Aussi, lorsque la princesse, fille du roi du pays, fit annoncer qu'elle donnerait sa main à celui qui répondrait le mieux aux questions qu'elle lui adresserait, furent-ils tous les deux certains de l'emporter sur tous les autres.
10 Ils n'avaient que huit jours pour se préparer à l'épreuve ; mais cela leur sembla plus que suffisant : ils avaient fait de si bonnes études. L'aîné par exemple savait par cœur tout le dictionnaire latin et aussi les trois dernières années de la feuille d'annonces de la
15 petite ville voisine ; il savait réciter tout ce fatras en commençant, soit par le commencement, soit par la fin. Le cadet connaissait les lois et coutumes de tous les pays, civilisés ou non ; pour cela, il se croyait un homme d'État ; puis il savait aussi broder et faire très
20 proprement de la tapisserie.

« C'est moi qui épouserai la princesse ! » s'écrièrent-ils tous deux. Le père leur donna à chacun un beau cheval pour se rendre à la cour, un noir à l'aîné, un blanc au second. Avant de partir, ils se frottèrent bien
25 avec de l'huile d'amande les lèvres et surtout les coins de la bouche, pour pouvoir parler longtemps.

Toute la valetaille se rassembla pour leur souhaiter bonne chance, lorsqu'ils montèrent à cheval. À ce

61

Illustration de Hans Tegner,
contemporain et compatriote d'Andersen.

moment survint par hasard le troisième frère. Le vieux
30 seigneur, en effet, avait un autre fils, mais il en faisait
si peu de cas que c'était comme s'il n'existait pas.
C'était un brave garçon, mais l'étude n'était pas son
fort : on avait fini par l'appeler Jean Balourd.

« Oh, oh ! s'écria-t-il en voyant tous ces apprêts. Où
35 allez-vous donc ? Tiens, vous avez mis vos beaux habits
des dimanches.

— Nous nous rendons au palais du roi ; nous
concourons pour obtenir la main de sa fille. Tu n'as
donc pas entendu le garde champêtre annoncer la
40 chose ? » Et ils le mirent au courant de ce qui se
passait.

« Ma foi ! s'écria Jean Balourd, j'en veux être aussi. »
Les deux frères éclatèrent de rire, et partirent au galop.

« Petit père, dit Jean, il faut que tu me donnes aussi
45 un cheval. Si la princesse me prend pour son mari, eh
bien, elle me prendra ; si elle ne me prend pas, c'est
moi qui la prendrai. Dans tous les cas, j'aurai sa main.

— Laisse donc ces sornettes, dit le vieux seigneur.
Tu n'auras pas de cheval. Tu ne sais pas parler le
50 langage fleuri de la cour. Jamais tu n'as voulu mordre
à la rhétorique[1]. Tes frères, au contraire, voilà deux
gaillards qui ont la tête bien meublée.

— C'est comme cela ! répondit Jean. Ah ! je n'aurai
pas de cheval. Eh bien ! je prendrai le bouc. L'animal
55 m'appartient, nous nous entendrons parfaitement ; il
voudra bien me porter. »

---

1. *Rhétorique* : art de faire de beaux discours.

Illustration de Hans Tegner (1853-1932).

Aussitôt dit, aussitôt fait ; il sauta sur la bête, qui partit à fond de train. Hé, hop ! Il faisait des bonds, le brave bouc ! « Holà ! me voilà ! » cria Jean Balourd, et tous les échos retentissaient des chants joyeux qu'il entonnait pour passer le temps du voyage.

Les deux frères avaient mis leur monture au pas. Ils ne soufflaient mot ; ils repassaient dans leur mémoire tout ce qu'ils savaient, et ils préparaient aussi de fines reparties aux questions qu'ils supposaient que la princesse allait leur adresser. Jean les rattrapa.

« Holà, me voilà ! dit-il. Voyez donc ce que j'ai trouvé en chemin. »

Et il leur montra un corbeau crevé qu'il avait ramassé.

« Balourd ! dirent-ils. Que veux-tu faire de cette charogne ?

— De ce beau corbeau ? répondit-il. Mais j'en ferai cadeau à la princesse.

— Essaye toujours », dirent-ils en se tenant les côtes.
75 Puis ils partirent au trot.

Jean resta un peu en arrière ; mais à une montée il les rejoignit.

« Hop, hop, c'est moi ! cria-t-il. Voilà encore une magnifique trouvaille que j'ai faite. »

80 Les frères se retournèrent et regardèrent.

« C'est trop fort même pour un lourdaud comme toi, dirent-ils. Ce que tu tiens là, c'est un vieux sabot, auquel il manque un morceau. Est-ce encore un présent pour la fille du roi ?

85 — Nous verrons si elle le mérite », répondit Jean.

Les frères rirent de plus belle et repartirent au galop.

Ils avaient pris une grande avance. Mais Jean les rattrapa encore.

« Hé, holà, hop-la-la, me voilà ! cria-t-il. Cela va
90 toujours de mieux en mieux. Vraiment c'est fameux.

— Idiot, quelle saleté as-tu donc trouvée maintenant ? dirent les frères.

— Quelque chose de superbe, d'incomparable ! Comme elle se réjouira la fille du roi ! » Et il leur
95 montra ce qu'il avait recueilli dans sa gourde.

« Fi donc ! dirent les frères. C'est du sable ou, plutôt, de la boue que tu as ramassée dans le fossé !

— Oui, répondit-il, mais c'est de l'espèce la plus fine ; elle vous glisse entre les doigts. »

100 Cette fois les frères éperonnèrent leurs montures, qui partirent comme le vent ; sous leurs pieds les cailloux volaient, lançant des étincelles. Ils arrivèrent toute une

heure avant Jean à la porte de la capitale. Là on prit
leurs noms, et on leur donna, comme à tous ceux qui
105 venaient pour passer l'épreuve, un numéro d'ordre. On
les faisait passer six par six, placés en rang. Ils étaient
serrés comme des harengs ; c'était sagement imaginé.
Comme ils étaient rivaux, et que le prix en valait la
peine, ils auraient facilement pu se quereller ; mais,
110 comme ils ne pouvaient bouger ni bras ni jambes, il
n'y avait pas moyen d'en venir aux voies de fait[1].

Une foule immense était rassemblée devant le palais
du roi ; toute la cour était aux fenêtres pour voir arriver
les prétendants[2]. Les malheureux, ils s'en allaient plus
115 vite qu'ils n'étaient venus. Dès qu'ils paraissaient devant
la princesse, la parole venait à leur manquer aussi
subitement que disparaît la lumière d'une bougie, quand
on souffle dessus.

« Allons, c'est un faquin, ne cessait de dire la princesse
120 depuis le matin. Qu'on l'emmène ! »

Vint le tour de celui des frères qui savait par cœur
le dictionnaire latin. Avant même d'entrer dans la salle,
il avait tout oublié. Son trouble augmenta quand,
regardant au plafond, il se vit, dans les glaces qui s'y
125 trouvaient, marchant sur la tête. Il y avait toute une
rangée de sténographes[3], dirigés par un greffier[4] en chef.
Ils se tenaient, comme au port d'arme, la plume à la

---

1. *D'en venir aux voies de fait* : d'en venir à se battre.
2. *Prétendants* : ceux qui souhaitent épouser la princesse.
3. *Sténographes* : personnes qui écrivent à la vitesse de la parole au
moyen de signes particuliers.
4. *Greffier* : responsable des documents écrits dans un tribunal.

main, pour inscrire les traits d'esprit et les belles phrases
qu'on attendait des concurrents. Leur papier était encore
130 presque blanc ; mais ils conservaient toute la gravité de
leur emploi. C'était terriblement solennel.

Le frère au dictionnaire sentait tout son aplomb
l'abandonner ; voilà qu'en avançant il fait craquer une
planche du parquet. Cela le démonte encore plus.
135 Cependant il finit par trouver quelques mots à dire.

« Altesse, qu'il fait donc chaud ici ! »

En effet, il y avait là un immense poêle tout rouge.

« C'est vrai, répondit la princesse, mais c'est que le
roi, mon père, fait rôtir aujourd'hui des poulets. »
140 Le pauvre garçon ne s'était pas attendu à un pareil
discours ; certainement il y avait de quoi être démonté.
« Mais, mais ! Bé... » Voilà tout ce qu'il put articuler.

« Encore un idiot, s'écria la princesse. Qu'il file au
plus vite ! »
145 Entra le frère cadet.

« Quelle chaleur épouvantable ! dit-il.

— C'est que nous faisons rôtir des poulets, dit la
princesse.

— Oh, ah ! comment ? »
150 Et il n'alla pas plus loin.

« Emmenez cet animal », dit la princesse.

Ce fut le tour de Jean Balourd. Il entra dans la salle
monté sur son fidèle bouc, qu'il ne voulait confier à
personne.
155 « Hohé ! quelle chaleur du diable ! s'écria-t-il ; êtes-
vous folle de ne pas faire ouvrir les fenêtres ?

— Je fais rôtir des poulets, répondit la princesse, et
il faut que la chaleur soit bien égale.

— Bien ! comme cela se trouve ! dit Jean, alors vous
160 pourrez aussi faire rôtir mon corbeau ?

— Très volontiers, dit la princesse. Mais avez-vous
quelque chose pour le mettre ? car je n'ai ici ni pot ni
casserole.

— Voici justement ce qu'il nous faut, dit Jean, et il
165 montra le sabot et y plaça le corbeau.

— Cela fera un vrai régal, dit la princesse. Mais où
trouver de quoi faire la sauce ?

— Ne vous inquiétez pas, dit Jean, et, tirant sa
gourde, il versa un peu de boue dans le sabot.

170 — Voilà qui me plaît, dit la princesse. Tu as réponse
à tout, même aux plus grandes bêtises. C'est toi qui
seras mon mari. Jusqu'ici c'est bien. Mais sais-tu que
tout ce que nous avons dit a été sténographié et va
être publié demain dans le journal ? Il y a là ce terrible
175 greffier en chef. C'est une brute achevée[1] ; impossible
de lui faire comprendre qu'il serait plus séant[2] pour
notre dignité de nous mettre dans la bouche d'autres
discours que les niaiseries que nous avons débitées. »

La princesse ne disait cela que pour essayer une
180 dernière fois d'embarrasser Jean Balourd.

Mais il ne perdit pas la tramontane. « Ah, c'est
comme cela ! » dit-il. Et il se précipita vers la table où
se tenaient les scribes[3] et le greffier et il versa tout le
reste de la boue sur ce qu'ils avaient griffonné.

---

1. *Brute achevée* : personne complètement idiote.
2. *Séant* : approprié.
3. *Scribes* : employés aux écritures, secrétaires.

185 « Parfait, excellent ! s'écria la princesse. L'épreuve est finie. »

La noce fut aussitôt célébrée ; et, après la mort du roi, Jean Balourd hérita de la couronne.

Cette histoire, je l'ai lue dans le journal, où un des
190 scribes, dont le papier n'avait pas été entièrement barbouillé, l'avait racontée. Mais vous savez qu'on ne peut pas trop se fier à la véracité[1] des gazettes.

Traduction de D. Soldi, E. Grégoire, L. Moland, revue par É. Avenard.

---

1. *Véracité* : exactitude, vérité.

Jean Balourd

EXPRESSION ET COMPRÉHENSION

1. En vous aidant du dictionnaire, expliquez les expressions et mots suivants : « un homme distingué » (l. 5), « fatras » (l. 15), « toute la valetaille » (l. 27), « l'étude n'était pas son fort » (l. 32), « sornettes » (l. 48), « le langage fleuri de la cour » (l. 50), « mordre à la rhétorique » (l. 50), « la tête bien meublée » (l. 52), « charogne » (l. 71), « faquin » (l. 119), « il ne perdit pas la tramontane » (l. 181).

2. Quel commentaire pouvez-vous faire sur le nom du héros Jean Balourd, sachant que d'autres traducteurs lui ont préféré Jean Lourdaud, ou encore Jean le Nigaud ?

3. Qui s'exprime dans le dernier paragraphe ? Que pouvez-vous en déduire quant à la véracité de l'histoire ?

LE COMIQUE

4. Quels sont les passages du conte qui vous ont fait rire ? Expliquez pourquoi :
a) à cause des personnages, de leur caractère ?
b) à cause de ce qu'ils font ou de ce qu'ils disent ?
c) à cause de la situation dans laquelle ils se trouvent ?

5. Que veut dire « avoir de l'humour » ? Pensez-vous qu'Andersen ait de l'humour dans ce conte ? À quels moments ?

6. Trouvez-vous que Jean Balourd soit drôle ? D'après vous, a-t-il de l'humour ? Justifiez vos réponses en citant des passages précis du texte.

À VOUS !

7. Auriez-vous préféré voyager en compagnie de Jean Balourd ou en compagnie de ses frères ? Pour quelles raisons ?

8. Quelles sont les « armes » de séduction de Jean Balourd ? Qu'en pensez-vous ?

9. Avez-vous aimé ce conte ? Pour quelles raisons ? Expliquez pourquoi il est très différent de *la Petite Sirène*.

Le Vilain Petit Canard

Que la campagne était belle ! on était au milieu de
l'été ; les blés agitaient des épis d'un jaune magnifique,
l'avoine était verte, et dans les prairies le foin s'élevait
en monceaux[1] odorants ; la cigogne se promenait sur
5 ses longues jambes rouges, en bavardant de l'égyptien,
langue qu'elle avait apprise de madame sa mère. Autour
des champs et des prairies s'étendaient de grandes forêts
coupées de lacs profonds.

   Oui vraiment, la campagne était bien belle. Les rayons
10 du soleil éclairaient de tout leur éclat un vieux domaine
entouré de larges fossés, et de grandes feuilles de
bardane[2] descendaient du mur jusque dans l'eau ; elles
étaient si hautes que les petits enfants pouvaient se
cacher dessous, et qu'au milieu d'elles on pouvait trouver
15 une solitude aussi sauvage qu'au centre de la forêt.
Dans une de ces retraites, une cane avait établi son nid
et couvait ses œufs ; il lui tardait bien de voir ses petits
éclore. Elle ne recevait guère de visites ; car les autres
aimaient mieux nager dans les fossés que de venir
20 jusque sous les bardanes pour barboter[3] avec elle.

---

1. *Monceaux* : tas.
2. *Bardane* : plante qui pousse dans les décombres et dont les fruits
terminés par des petits crochets s'agrippent aux vêtements et au
pelage des animaux.
3. *Barboter* : s'agiter dans l'eau.

Illustration de Hans Tegner, 1928.
Bibliothèque nationale, Paris.

Enfin les œufs commencèrent à crever les uns après les autres ; on entendait « pi-pip » : c'étaient les petits canards qui vivaient et tendaient leur cou au-dehors.

25 « Rap-rap », dirent-ils ensuite en faisant tout le bruit qu'ils pouvaient.

Ils regardaient de tous côtés sous les feuilles vertes, et la mère les laissa faire ; car le vert réjouit les yeux.

« Que le monde est grand ! dirent les petits nouveau-nés à l'endroit même où ils se trouvèrent au sortir[1] de 30 leur œuf.

---

1. *Au sortir :* en sortant.

— Vous croyez donc que le monde finit là ? dit la mère. Oh ! non, il s'étend bien plus loin, de l'autre côté du jardin, jusque dans le champ du curé ; mais je n'y suis jamais allée. Êtes-vous tous là ? continua-
35 t-elle en se levant. Non, le plus gros œuf n'a pas bougé : Dieu ! que cela dure longtemps ! J'en ai assez. »

Et elle se remit à couver, mais d'un air contrarié.

« Eh bien ! comment cela va-t-il ? dit une vieille cane
40 qui était venue lui rendre visite.

— Il n'y a plus que celui-là que j'ai toutes les peines du monde à faire crever. Regardez un peu les autres : ne trouvez-vous pas que ce sont les plus gentils petits canards qu'on ait jamais vus ? ils ressemblent tous
45 d'une manière étonnante à leur père ; mais le coquin ne vient pas même me voir.

— Montrez-moi un peu cet œuf qui ne veut pas crever, dit la vieille. Ah ! vous pouvez me croire, c'est un œuf de dinde. Moi aussi, j'ai été trompée une fois
50 comme vous, et j'ai eu toute la peine possible avec le petit ; car tous ces êtres-là ont affreusement peur de l'eau. Je ne pouvais parvenir à l'y faire entrer. J'avais beau le happer[1] et barboter devant lui : rien n'y faisait. Que je le regarde encore : oui, c'est bien certainement
55 un œuf de dinde. Laissez-le là, et apprenez plutôt aux autres enfants à nager.

— Non, puisque j'ai déjà perdu tant de temps, je

---

1. *Happer* : saisir brusquement avec le bec.

puis bien rester à couver un jour ou deux de plus, répondit la cane.

60 — Comme vous voudrez », répliqua la vieille ; et elle s'en alla.

Enfin le gros œuf creva. « Pi-pip », fit le petit, et il sortit. Comme il était grand et vilain ! La cane le regarda et dit : « Quel énorme caneton ! Il ne ressemble
65 à aucun de nous. Serait-ce vraiment un dindon ? ce sera facile à voir : il faut qu'il aille à l'eau, quand je devrais l'y traîner. »

Le lendemain, il faisait un temps magnifique : le soleil rayonnait sur toutes les vertes bardanes ; la mère
70 des canards se rendit avec toute sa famille au fossé. « Platsh ! » et elle sauta dans l'eau. « Rap-rap », dit-elle ensuite, et chacun des petits plongea l'un après l'autre ; et l'eau se referma sur les têtes. Mais bientôt ils reparurent et nagèrent avec rapidité. Les jambes allaient
75 toutes seules, et tous se réjouissaient dans l'eau, même le vilain grand caneton gris.

« Ce n'est pas un dindon, dit-elle. Comme il se sert habilement de ses jambes, et comme il se tient droit ! C'est mon enfant aussi : il n'est pas si laid, lorsqu'on
80 le regarde de près. "Rap-rap !" Venez maintenant avec moi : je vais vous faire faire votre entrée dans le monde et vous présenter dans la cour des canards. Seulement, ne vous éloignez pas de moi, pour qu'on ne marche pas sur vous, et prenez bien garde au chat. »

85 Ils entrèrent tous dans la cour des canards.

Quel bruit on y faisait ! Deux familles s'y disputaient une tête d'anguille, et à la fin ce fut le chat qui l'emporta.

« Vous voyez comme les choses se passent dans
90 le monde », dit la cane en aiguisant son bec ; car
elle aussi aurait bien voulu avoir la tête d'anguille.
« Maintenant, remuez les jambes, continua-t-elle ; tenez-
vous bien ensemble et saluez le vieux canard là-bas.
C'est le plus distingué[1] de tous ceux qui se trouvent ici.
95 Il est de race espagnole, c'est pour cela qu'il est si
gros, et remarquez bien ce ruban rouge autour de sa
jambe : c'est quelque chose de magnifique, et la plus
grande distinction qu'on puisse accorder à un canard.
Cela signifie qu'on ne veut pas le perdre, et qu'il
100 doit être remarqué par les animaux comme par les
hommes. Allons, tenez-vous bien ; non, ne mettez pas
les pieds en dedans : un caneton bien élevé écarte les
pieds avec soin ; regardez comme je les mets en
dehors. Inclinez-vous et dites ''Rap''.

105 Ils obéirent, et les autres canards qui les entouraient
les regardaient et disaient tout haut : « Voyez un peu ;
en voilà encore d'autres, comme si nous n'étions déjà
pas assez. Fi, fi donc ! Qu'est-ce que ce canet-là ? Nous
n'en voulons pas. »

110 Et aussitôt un grand canard vola de son côté, se jeta
sur lui et le mordit au cou.

« Laissez-le donc, dit la mère, il ne fait de mal à
personne.

— D'accord ; mais il est si grand et si drôle, dit
115 l'agresseur, qu'il a besoin d'être battu.

---

1. *Distingué* : remarquable, élégant.

— Vous avez là de beaux enfants, la mère, dit le vieux canard au ruban rouge. Ils sont tous gentils, excepté celui-là, il n'est pas bien venu : je voudrais que vous puissiez le refaire.

120 — C'est impossible, dit la mère cane. Il n'est pas beau, c'est vrai ; mais il a un si bon caractère ! et il nage dans la perfection ; oui, j'oserais même dire mieux que tous les autres. Je pense qu'il grandira joliment et qu'avec le temps il se formera. Il est resté trop longtemps 125 dans l'œuf, et c'est pourquoi il n'est pas très bien fait. »

Tandis qu'elle parlait ainsi, elle le tirait doucement par le cou, et lissait son plumage. « Du reste, c'est un canard, et la beauté ne lui importe pas tant. Je crois qu'il deviendra fort et qu'il fera son chemin dans le 130 monde. Enfin, les autres sont gentils ; maintenant, mes enfants, faites comme si vous étiez à la maison, et, si vous trouvez une tête d'anguille, apportez-la-moi. »

Et ils firent comme s'ils étaient à la maison.

Mais le pauvre canet qui était sorti du dernier œuf 135 fut, pour sa laideur, mordu, poussé et bafoué[1], non seulement par les canards, mais aussi par les poulets.

« Il est trop grand », disaient-ils tous ; et le coq d'Inde qui était venu au monde avec des éperons[2] et qui se croyait empereur, se gonfla comme un bâtiment 140 toutes voiles dehors, et marcha droit sur lui en grande fureur et rouge jusqu'aux yeux. Le pauvre canet ne

---

1. *Bafoué* : humilié.
2. *Éperons* : pointes de corne situées derrière les pattes, ergots.

savait s'il devait s'arrêter ou marcher : il eut bien du chagrin d'être si laid et d'être bafoué par tous les canards de la cour.

145 Voilà ce qui se passa dès le premier jour, et les choses allèrent toujours de pis en pis. Le pauvre canet fut chassé de partout : ses sœurs même étaient méchantes avec lui et répétaient continuellement : « Que ce serait bien fait si le chat t'emportait, vilaine créature ! » Et la 150 mère disait : « Je voudrais que tu fusses bien loin. » Les canards le mordaient, les poulets le battaient, et la bonne qui donnait à manger aux bêtes le repoussait du pied.

Illustration de Hans Tegner, 1928.

Le Vilain Petit Canard

EXPRESSION ET COMPRÉHENSION

1. En vous aidant d'un dictionnaire, expliquez les expressions et mots suivants : « en bavardant de l'égyptien » (l. 5), « votre entrée dans le monde » (l. 81), « se gonfla comme un bâtiment toutes voiles dehors » (l. 139).

2. Quels sont les deux sens de l'adjectif « vilain » ? Quel est le sens de l'adjectif « vilain » dans ce conte ?

3. Faites l'analyse logique de la phrase suivante : « il faut qu'il aille à l'eau, quand je devrais l'y traîner » (l. 66). Remplacez la proposition subordonnée par une autre subordonnée de même nature. Quelle remarque peut-on faire alors sur le temps et le mode utilisés ?

L'ACTION ET LES PERSONNAGES

4. Où et quand se situe l'action ?

5. Quels sont les différents moments de cette première partie du conte ?

6. Quels sont les sentiments de la cane à l'égard de l'œuf qui ne veut pas éclore ? Citez le texte.

7. À partir de quel moment considère-t-elle le dernier-né comme son enfant ? Est-ce naturel pour une cane ?

8. En quoi consiste l'éducation des canetons ? Que vont-ils découvrir à la « cour des canards » ? Commentez les paroles de la cane depuis « Vous voyez... » (l. 89) jusqu'à « ... et dites "Rap". » (l. 104).

9. Pourquoi tout le monde rejette-t-il le caneton ? Relevez les mots qui expriment la cruauté.

À VOUS !

10. À votre avis, qu'est-ce qu'Andersen a voulu représenter dans ce conte ? À qui vous font penser les animaux de la basse-cour ? et le vilain petit canard ?

11. D'après vous, que peut faire le caneton pour échapper aux mauvais traitements de son entourage ?

Alors il se sauva, et prit son vol par-dessus la haie. Les
155 petits oiseaux dans les buissons s'envolèrent de frayeur.
« Et tout cela, parce que je suis vilain », pensa le
caneton. Il ferma les yeux et continua son chemin. Il
arriva ainsi au grand marécage qu'habitaient les canards
sauvages. Il s'y coucha pendant la nuit, bien triste et
160 bien fatigué.

Le lendemain, lorsque les canards sauvages se levèrent,
ils aperçurent leur nouveau camarade. « Qu'est-ce que
c'est que cela ? » dirent-ils ; le canet se tourna de tous
côtés et salua avec toute la grâce possible.

165 « Tu peux te flatter[1] d'être énormément laid ! dirent
les canards sauvages ; mais cela nous est égal, pourvu
que tu n'épouses personne de notre famille. »

Le malheureux ! est-ce qu'il pensait à se marier, lui
qui ne demandait que la permission de coucher dans
170 les roseaux et de boire de l'eau du marécage ?

Il passa ainsi deux journées. Alors arrivèrent dans cet
endroit deux jars sauvages. Ils n'avaient pas encore
beaucoup vécu ; aussi étaient-ils très insolents.

« Écoute, camarade, dirent ces nouveaux venus ; tu
175 es si vilain que nous serions contents de t'avoir avec
nous. Veux-tu nous accompagner et devenir un oiseau de
passage ? Ici tout près, dans l'autre marécage, il y a des
oies sauvages charmantes, presque toutes demoiselles,
et qui savent bien chanter. Qui sait si tu n'y trouverais
180 pas le bonheur, malgré ta laideur affreuse ? »

Tout à coup on entendit « pif, paf ! » et les deux

---

1. *Te flatter :* te vanter.

jars sauvages tombèrent morts dans les roseaux, et l'eau devint rouge comme du sang.

« Pif, paf ! » et des troupes d'oies sauvages s'envolèrent
185 des roseaux. Et on entendit encore des coups de fusil. C'était une grande chasse ; les chasseurs s'étaient couchés tout autour du marais ; quelques-uns s'étaient même postés sur les branches d'arbres qui s'avançaient au-dessus des joncs. Une vapeur bleue semblable à de
190 petits nuages sortait des arbres sombres et s'étendait sur l'eau ; puis les chiens arrivèrent au marécage : « platsh, platsh » ; et les joncs et les roseaux se courbaient de tous côtés. Quelle épouvante pour le pauvre caneton ! Il plia la tête pour la cacher sous son aile ; mais en
195 même temps il aperçut devant lui un grand chien terrible : sa langue pendait hors de sa gueule, et ses yeux farouches[1] étincelaient de cruauté. Le chien tourna la gueule vers le caneton, lui montra ses dents pointues et, « platsh, platsh », il alla plus loin sans le toucher.

200 « Dieu, merci ! soupira le canard ; je suis si vilain que le chien lui-même dédaigne de me mordre ! »

Et il resta ainsi, pendant que le plomb[2] sifflait à travers les joncs et que les coups de fusil se succédaient sans relâche.

205 Vers la fin de la journée seulement, le bruit cessa ; mais le pauvre petit n'osa pas encore se lever. Il attendit quelques heures, regarda autour de lui, et se sauva du marais aussi vite qu'il put. Il passa au-dessus des champs et des prairies ; une tempête furieuse l'empêcha d'avancer.

---

1. *Farouches* : haineux, sauvages.
2. *Le plomb* : les balles.

210 Sur le soir, il arriva à une misérable cabane de paysan, si vieille et si ruinée qu'elle ne savait pas de quel côté tomber : aussi restait-elle debout. La tempête soufflait si fort autour du caneton qu'il fut obligé de s'arrêter et de s'accrocher à la cabane : tout allait de 215 mal en pis.

Alors il remarqua qu'une porte avait quitté ses gonds et lui permettait, par une petite ouverture, de pénétrer dans l'intérieur : c'est ce qu'il fit.

Là demeurait une vieille femme avec son matou et 220 avec sa poule ; et le matou, qu'elle appelait son petit-fils, savait arrondir le dos et filer son rouet : il savait même lancer des étincelles, pourvu qu'on lui frottât convenablement le dos à rebrousse-poil. La poule avait des jambes fort courtes, ce qui lui avait valu le nom 225 de Courte-Jambe. Elle pondait des œufs excellents, et la bonne femme l'aimait comme une fille.

Le lendemain, on s'aperçut de la présence du caneton étranger. Le matou commença à gronder, et la poule à glousser.

230 « Qu'y a-t-il ? » dit la femme en regardant autour d'elle. Mais, comme elle avait la vue basse, elle crut que c'était une grosse cane qui s'était égarée. « Voilà une bonne prise, dit-elle : j'aurai maintenant des œufs de cane. Pourvu que ce ne soit pas un canard ! Enfin, 235 nous verrons. »

Et elle attendit pendant trois semaines ; mais les œufs ne vinrent pas. Dans cette maison, le matou était le maître et la poule la maîtresse ; aussi ils avaient l'habitude de dire : « Nous et le monde » ; car ils 240 croyaient faire à eux seuls la moitié et même la meilleure moitié du monde. Le caneton se permit de penser que

l'on pouvait avoir un autre avis ; mais cela fâcha la
poule.

« Sais-tu pondre les œufs ? demanda-t-elle.

245 — Non.

— Eh bien ! alors, tu auras la bonté de te taire. »

Et le matou le questionna à son tour : « Sais-tu faire
le gros dos ? sais-tu filer ton rouet et faire jaillir des
étincelles ?

250 — Non.

— Alors tu n'as pas le droit d'exprimer une opinion,
quand les gens raisonnables causent ensemble. »

Et le caneton se coucha tristement dans un coin ;
mais tout à coup un air vif et la lumière du soleil
255 pénétrèrent dans la chambre, et cela lui donna une si
grande envie de nager dans l'eau qu'il ne put s'empêcher
d'en parler à la poule.

« Qu'est-ce donc ? dit-elle. Tu n'as rien à faire, et
voilà qu'il te prend des fantaisies. Ponds des œufs ou
260 fais ron-ron, et ces caprices te passeront.

— C'est pourtant bien joli de nager sur l'eau, dit le
petit canard ; quel bonheur de la sentir se refermer sur
sa tête et de plonger jusqu'au fond !

— Ce doit être un grand plaisir, en effet ! répondit
265 la poule. Je crois que tu es devenu fou. Demande un
peu à Minet, qui est l'être le plus raisonnable que je
connaisse, s'il aime à nager ou à plonger dans l'eau.
Demande même à notre vieille maîtresse : personne
dans le monde n'est plus expérimenté ; crois-tu qu'elle
270 ait envie de nager et de sentir l'eau se refermer sur sa
tête ?

— Vous ne me comprenez pas.

— Nous ne te comprenons pas ? mais qui te comprendrait donc ? Te croirais-tu plus instruit que
275 Minet et notre maîtresse ?

— Je ne veux pas parler de moi.

— Ne t'en fais pas accroire[1], enfant, mais remercie plutôt le Créateur de tout le bien dont il t'a comblé. Tu es arrivé dans une chambre bien chaude, tu as
280 trouvé une société dont tu pourrais profiter, et tu te mets à raisonner jusqu'à te rendre insupportable. Ce n'est vraiment pas un plaisir de vivre avec toi. Crois-moi, je te veux du bien : je te dis sans doute des choses désagréables ; mais c'est à cela que l'on reconnaît ses
285 véritables amis. Suis mes conseils, et tâche de pondre des œufs ou de faire ron-ron.

— Je crois qu'il me sera plus avantageux de faire mon tour dans le monde, répondit le canard.

— Comme tu voudras », dit le poulet.

290 Et le canard s'en alla nager et se plongea dans l'eau ; mais tous les animaux le méprisèrent à cause de sa laideur.

L'automne arriva, les feuilles de la forêt devinrent jaunes et brunes : le vent les saisit et les fit voltiger.
285 En haut dans les airs il faisait bien froid ; des nuages lourds pendaient, chargés de grêle et de neige. Sur la haie le corbeau croassait, tant il était gelé : rien que d'y penser, on grelottait. Le pauvre caneton n'était, en vérité, pas à son aise.

300 Un soir que le soleil se couchait glorieux, toute une

---

1. *Ne t'en fais pas accroire* : ne te fais pas une trop haute opinion de toi-même.

foule de grands oiseaux superbes sortit des buissons ; le canet n'en avait jamais vu de semblables : ils étaient d'une blancheur éblouissante, ils avaient le cou long et souple. C'étaient des cygnes. Le son de leur voix était
305 tout particulier ; ils étendirent leurs longues ailes éclatantes pour aller loin de cette contrée chercher dans les pays chauds des lacs toujours ouverts[1]. Ils montaient si haut, si haut, que le vilain petit canard en était étrangement affecté[2] ; il tourna dans l'eau comme une
310 roue, il dressa le cou et le tendit en l'air vers les cygnes voyageurs, et poussa un cri si perçant et si singulier[3] qu'il se fit peur à lui-même. Il lui était impossible d'oublier ces oiseaux magnifiques et heureux ; aussitôt qu'il cessa de les apercevoir, il plongea jusqu'au fond,
315 et, lorsqu'il remonta à la surface, il était comme hors de lui. Il ne savait comment s'appelaient ces oiseaux, ni où ils allaient ; mais cependant il les aimait comme il n'avait encore aimé personne. Il n'en était pas jaloux ; car comment aurait-il pu avoir l'idée de souhaiter pour
320 lui-même une grâce si parfaite ? Il aurait été trop heureux, si les canards avaient consenti à le supporter, le pauvre être si vilain !

Et l'hiver devint bien froid, bien froid ; le caneton nageait toujours à la surface de l'eau pour l'empêcher
325 de se prendre tout à fait ; mais chaque nuit le trou dans lequel il nageait se rétrécissait davantage. Il gelait si fort qu'on entendait la glace craquer ; le canet était

---

1. *Toujours ouverts* : qui ne gèlent jamais.
2. *Affecté* : touché, ému.
3. *Singulier* : spécial.

obligé d'agiter continuellement les jambes pour que le
trou ne se fermât pas autour de lui. Mais enfin il se
330 sentit épuisé de fatigue ; il ne remuait plus et il fut
saisi par la glace.

Le lendemain matin, un paysan vint sur le bord et
vit ce qui se passait ; il s'avança, rompit la glace et
emporta le canard chez lui pour le donner à sa femme.
335 Là il revint à la vie.

Les enfants voulurent jouer avec lui ; mais le caneton,
persuadé qu'ils allaient lui faire du mal, se jeta de peur
au milieu du pot au lait, si bien que le lait rejaillit dans
la chambre. La femme frappa ses mains l'une contre
340 l'autre de colère, et lui, tout effrayé, se réfugia dans la
baratte[1], et de là dans la huche[2] à farine, puis de là
prit son vol au-dehors.

Dieu ! quel spectacle ! la femme criait, courait après
lui, et voulait le battre avec les pincettes ; les enfants
345 s'élancèrent sur le tas de fumier pour attraper le caneton.
Ils riaient et poussaient des cris : ce fut un grand
bonheur pour lui d'avoir trouvé la porte ouverte et de
pouvoir ensuite se glisser entre des branches, dans la
neige ; il s'y blottit tout épuisé.

350 Il serait trop triste de raconter toute la misère et
toutes les souffrances qu'il eut à supporter pendant cet
hiver rigoureux.

Il était couché dans le marécage entre les joncs,
lorsqu'un jour le soleil commença à reprendre son éclat

---

1. *Baratte* : appareil dans lequel on bat la crème pour obtenir le
beurre.
2. *Huche* : grand coffre de bois.

355 et sa chaleur. Les alouettes chantaient. Il faisait un printemps délicieux.

Alors tout à coup le caneton put se confier à ses ailes, qui battaient l'air avec plus de vigueur qu'autrefois, assez fortes pour le transporter au loin. Et bientôt il se
360 trouva dans un grand jardin où les pommiers étaient en pleine floraison, où le sureau[1] répandait son parfum et penchait ses longues branches vertes jusqu'aux fossés. Comme tout était beau dans cet endroit ! Comme tout respirait le printemps !

365 Et des profondeurs du bois sortirent trois cygnes blancs et magnifiques.

Ils battaient des ailes et nagèrent sur l'eau. Le canet connaissait ces beaux oiseaux : il fut saisi d'une tristesse indicible.

370 « Je veux aller les trouver, ces oiseaux royaux : ils me tueront, pour avoir osé, moi si vilain, m'approcher d'eux ; mais cela m'est égal ; mieux vaut être tué par eux que d'être mordu par les canards, battu par les poules, poussé du pied par la fille de basse-cour, et que
375 de souffrir les misères de l'hiver. »

Il s'élança dans l'eau et nagea à la rencontre des cygnes. Ceux-ci l'aperçurent et se précipitèrent vers lui les plumes soulevées. « Tuez-moi », dit le pauvre animal ; et, penchant la tête vers la surface de l'eau, il attendait
380 la mort.

Mais que vit-il dans l'eau transparente ? Il vit sa propre image au-dessous de lui : ce n'était plus un

---

1. *Sureau :* arbuste à fleurs blanches odorantes et à fruits rouges ou noirs.

oiseau mal fait, d'un gris noir, vilain et dégoûtant ; il était lui-même un cygne !

385   Il n'y a pas de mal à être né dans une basse-cour lorsqu'on sort d'un œuf de cygne.

Maintenant il se sentait heureux de toutes ses souffrances et de tous ses chagrins ; maintenant pour la première fois il goûtait tout son bonheur en voyant
390   la magnificence[1] qui l'entourait, et les grands cygnes nageaient autour de lui et le caressaient de leur bec.

De petits enfants vinrent au jardin et jetèrent du pain et du grain dans l'eau, et le plus petit d'entre eux s'écria : « En voilà un nouveau ! » et les autres enfants
395   poussèrent des cris de joie : « Oui, oui ! c'est vrai ; il y en a encore un nouveau. » Et ils dansaient sur les bords, puis battaient des mains ; et ils coururent à leur père et à leur mère, et revinrent encore jeter du pain et du gâteau, et ils dirent tous : « Le nouveau est le
400   plus beau ! Qu'il est jeune ! qu'il est superbe ! »

Et les vieux cygnes s'inclinèrent devant lui.

Alors il se sentit honteux, et cacha sa tête sous son aile ; il ne savait comment se tenir, car c'était pour lui trop de bonheur. Mais il n'était pas fier. Un bon cœur
405   ne le devient jamais. Il songeait à la manière dont il avait été persécuté et insulté partout, et voilà qu'il les entendait tous dire qu'il était le plus beau de tous ces beaux oiseaux ! Et le sureau même inclinait ses branches vers lui, et le soleil répandait une lumière si chaude et

---

1. *Magnificence :* splendeur.

410 si bienfaisante ! Alors ses plumes se gonflèrent, son cou élancé se dressa, et il s'écria de tout son cœur : « Comment aurais-je pu rêver tant de bonheur, pendant que je n'étais qu'un vilain petit canard ? »

Traduction de D. Soldi, E. Grégoire et L. Moland.

Illustration de Hans Tegner, 1928.

Le Vilain Petit Canard

EXPRESSION ET COMPRÉHENSION

1. Cherchez dans le dictionnaire le sens des mots suivants et employez-les dans une courte phrase : « haie » (l. 154), « marécage » (l. 158), « jars » (l. 172), « rouet » (l. 221), « expérimenté » (l. 269), « floraison » (l. 361).

2. Définissez le verbe « dédaigner » (l. 201) et trouvez des mots de la même famille.

3. Que signifie le verbe « souffrir » dans la phrase : « mieux vaut être tué... que de souffrir les misères de l'hiver » (l. 372 à 375) ? Donnez des verbes synonymes.

L'ACTION ET LES PERSONNAGES

4. Quels sont les différents moments de cette partie du conte ?

5. À quelle saison se situe l'action ? Pourquoi est-ce important ?

6. Quels sont les personnages que rencontre le caneton ?

7. Quel accueil les canards sauvages réservent-ils au caneton ? Pourquoi ? Quel commentaire pouvez-vous faire (pensez aux précédentes aventures du petit canard) ?

8. Que pensez-vous de la proposition que font les jars au caneton ? Est-elle aussi sympathique qu'elle le paraît ?

9. Le caneton échappe à deux périls mortels. Lesquels ?

10. En quelques lignes, résumez l'épisode de la « misérable cabane », depuis « Alors il remarqua... » (l. 216) jusqu'à « ... répondit le canard » (l. 288).

11. Quels sont les sentiments et les réactions du caneton quand il aperçoit les cygnes pour la première fois ?

12. Comment le caneton échappe-t-il de nouveau à la mort ? Quelles aventures va-t-il vivre ensuite ? Faites-en la liste et le commentaire.

13. Donnez un titre à la fin du conte, depuis « Il était couché... » (l. 353) jusqu'à la fin du texte (ce titre devra résumer l'idée principale du passage).

14. Comment interprétez-vous la dernière phrase du conte ? Relisez au besoin la vie d'Andersen (voir p. 4).

La balle et le sabot.
Illustration de Hans Tegner.

Les Fiancés

La Balle et le Sabot[1] se trouvaient l'un près de l'autre sur un même canapé.

« Nous devrions bien nous fiancer, dit le Sabot. Il y a si longtemps que nous sommes l'un près de l'autre !... »

La Balle ne daigna pas répondre. Elle était en maroquin[2] et s'imaginait être une demoiselle de qualité.

Le lendemain entra le petit garçon à qui étaient les jouets. Il peignit le Sabot en rouge et en jaune et mit au milieu, sur le dessus, un clou de cuivre. C'était superbe lorsque le Sabot tournait.

« Vois, dit-il à la Balle. Qu'en penses-tu maintenant ? N'allons-nous pas nous fiancer ? Nous nous convenons si bien ! Tu sautes et je danse. Peut-il y avoir gens plus heureux que nous ?

— Oui, mais, dit la Balle, tu ne sais sans doute pas que mon père et ma mère étaient de superbes pantoufles en maroquin, et que, de plus, j'ai un ressort dans le corps ?

— Eh bien ! Et moi ? Ne suis-je pas en acajou ! dit le Sabot. C'est le bourgmestre [3] lui-même qui m'a fabriqué sur son tour.

— Est-ce bien vrai ? dit la Balle.

— Que je ne reçoive plus jamais de coup de fouet, si je mens.

---

1. *Sabot* : toupie que l'on fait tourner sur sa pointe avec une lanière.
2. *Maroquin* : cuir.
3. *Bourgmestre* : ce titre correspond à celui de maire en France.

25 — Tu sais te faire valoir. Mais je ne puis vraiment
pas t'accepter. Je suis à moitié fiancée à une hirondelle.
Chaque fois que je m'élance en l'air, elle met la tête
hors du nid et me dit : "Veux-tu ? Veux-tu ?" Et j'ai
déjà dit "Oui", ce qui est presque un engagement. Mais
30 je te promets que je ne t'oublierai jamais.
    — La belle consolation ! » répondit le Sabot. Ils ne
se parlèrent plus après cela.
    Le lendemain, le petit garçon prit la Balle. Le Sabot
la vit sauter en l'air aussi haut qu'un oiseau, si haut
35 même qu'on ne pouvait plus la voir. Elle retombait
chaque fois, mais elle reprenait un nouvel élan en
touchant la terre, soit par désir de revoir l'hirondelle,
soit plutôt à cause du ressort qu'elle avait en elle. Au
neuvième bond, elle ne revint pas. L'enfant chercha,
40 chercha, mais ce fut en vain.
    « Je sais où elle est ! murmura le Sabot. Elle est avec
l'hirondelle ; elle est mariée avec elle ! »
    Plus le Sabot pensait à tout cela, plus il se sentait
amoureux de la Balle. Sa passion devenait d'autant plus
45 vive qu'il n'avait plus aucun espoir de la satisfaire. La
Balle devenue la femme d'un autre ! Le Sabot tournait,
tournait, mais pensait toujours à la Balle : et l'aimait
chaque jour davantage.
    Des années passèrent et l'amour du Sabot pour la
50 Balle devint une ancienne passion, comme on dit.
    Le Sabot n'était plus jeune. Un beau jour on le dora
complètement. Jamais il n'avait été si merveilleux. C'était
maintenant un sabot d'or. Il sauta et tourna comme
jamais il n'avait tourné. Mais subitement, hop ! il fit
55 un saut un peu trop haut et disparut.
    On le chercha de tous côtés, dans le ruisseau, sous

92

les roues d'une voiture de boulanger qui était arrêtée sur un côté de la rue, et à travers un tas de bois tout fendu et coupé pour l'hiver et que deux bûcherons 60 venaient de décharger à la porte de la maison. Peine inutile, on ne trouva rien.

Où était-il ? Dans le seul endroit où l'on n'avait pas regardé. Il avait sauté par le soupirail du sous-sol dans la boîte aux ordures, parmi des trognons de choux, des 65 épluchures et toutes sortes de résidus[1] du ménage.

« Allons bon ! soupira-t-il. Toute ma dorure va s'en aller, ici ! Et qu'est-ce que tous ces gueux[2] au milieu de qui je suis ? »

Il regarda dédaigneusement un mauvais trognon de 70 chou, et près de lui quelque chose de rond qui semblait être une vieille pomme. C'était une vieille balle qui, pendant nombre d'années, était restée dans la gouttière du toit, et que la pluie avait toute trempée.

« Dieu soit loué ! dit la Balle. Voici enfin quelqu'un 75 avec qui l'on peut causer. » Et elle regardait le Sabot doré.

« Je suis en maroquin, dit-elle. J'ai été cousue par des mains de jeune fille, et j'ai un ressort dans le corps, mais personne ne s'en douterait ! J'étais sur le point 80 d'épouser une hirondelle, lorsque je suis tombée dans la gouttière, où je suis restée cinq ans, sous la pluie. C'est un peu long, pour une jeune fille comme moi, je vous assure ! »

Le Sabot ne disait rien. Il pensait à ses anciennes

---

1. *Résidus* : restes, déchets.
2. *Gueux* : misérables.

85 amours et plus il l'écoutait, plus il devenait clair pour lui que c'était elle.

La servante entra et, avec un crochet, visita la boîte à ordures avant de l'emporter dans la rue, pour s'assurer si, par mégarde, on n'y avait rien jeté de précieux.

90 « Tiens ! dit-elle, voilà le Sabot doré ! »

Elle le rapporta soigneusement aux enfants. Quant à la Balle, on n'en entendit plus parler. Le Sabot ne dit plus jamais rien de son ancienne passion.

L'amour s'en va, quand on est resté cinq ans, sous 95 la pluie, dans une gouttière. Et vraiment, le Sabot ne pouvait conserver son amour pour la Balle en la rencontrant dans une boîte à ordures.

Traduction de D. Soldi, E. Grégoire, L. Moland, revue par É. Avenard.

Ib et la petite Christine

Dans la forêt de Silkebord, près de la rivière Guden, on aperçoit une colline qui a l'air d'une grosse remontée de terre. On l'appelle la Butte et au pied, à l'est, se trouvait et se trouve toujours une petite ferme entourée
5 de pauvres terres. On voit même le sable à travers les plantations de seigle et d'orge. Il y a bien longtemps déjà, les gens qui y habitaient faisaient un peu de culture, ils élevaient trois moutons, un cochon et deux bœufs. Bref, ils avaient juste de quoi se nourrir, à
10 condition de se contenter de ce qu'ils avaient. Ils auraient pu avoir encore un ou deux chevaux, mais ils pensaient comme tous les autres paysans du pays : « Le cheval mange ce qu'il rapporte !... Il vous ruine autant qu'il fait de bien. »

15 Jeppe-Jeans cultivait son lopin de terre pendant l'été et l'hiver il fabriquait des sabots. Il avait avec lui un aide, qui taillait habilement des sabots résistants mais légers et élégants. Ils taillaient aussi des cuillères de bois et des louches. On gagnait ainsi pas mal d'argent
20 et l'on ne pouvait pas dire que Jeppe-Jeans était pauvre.

Le seul enfant de la maison, un gamin de sept ans qui se prénommait Ib, les regardait travailler. Il taillait lui aussi un bout de bois et se coupait aussi les doigts de temps en temps. Mais un jour il façonna deux

Les Chutes du Doubs. Ce dessin qu'Andersen réalisa en France pourrait aussi illustrer la forêt de Silkebord et la rivière Guden.

25 morceaux de bois en forme de petits sabots et décida
qu'il les offrirait à la petite Christine. C'était la fille du
gabarier[1], elle était très jolie et aussi gracieuse qu'une
enfant du grand monde. Si on l'avait habillée comme
une fille de haute naissance, personne n'aurait cru
30 qu'elle venait du foyer de Lyngtöru sur la lande de
Seis. Pourtant, c'était bien là qu'habitait son père qui
était veuf et c'est là qu'il conduisait des trains de bois
de la forêt aux pêcheries d'anguilles de Silkeborg, ou
parfois même plus loin, jusqu'à Randers. Il n'y avait
35 personne pour s'occuper de la petite Christine qui avait
un an de moins que Ib. Elle était donc presque toujours
avec lui sur le radeau ou sur la lande parmi la bruyère
et les airelles[2] ; et lorsque son père devait aller jusqu'à
Randers, la petite Christine venait chez Jeppe-Jeans.

40 Ib et la petite Christine s'entendaient très bien. Ils
jouaient et mangeaient ensemble, ils fouillaient et
creusaient la terre, ils grimpaient et escaladaient. Un
jour qu'ils s'étaient risqués à monter presque tout en
haut de la Butte et s'étaient enfoncés dans la forêt, ils
45 avaient même trouvé des œufs de bécasse, ce qui avait
été un grand événement.

Ib n'avait jamais été sur la lande de Seis, il n'avait
jamais été sur un radeau sur les lacs de la rivière Guden,
mais maintenant il était décidé que cela allait se faire :
50 le gabarier l'avait invité et il l'emmena chez lui la veille.

---

1. *Gabarier* : conducteur d'embarcation servant à charger ou décharger
les gros bateaux.
2. *Airelles* : petits fruits sauvages rouges ou noirs.

Les enfants prirent place très tôt sur les piles de bois chargées sur la prame[1] ; ils mangeaient du pain et des framboises. Le gabarier et son aide avançaient à la perche. On suivait le courant, ce qui fait que l'on
55 traversait vite les lacs tout entourés de forêt et de joncs, mais il y avait toujours un passage, même entre les vieux arbres qui se penchaient tout à fait et tendaient leurs branches nues comme pour montrer leurs bras noueux. Quelques vieux aulnes[2] arrachés à la berge[3]
60 tenaient encore par quelques racines et formaient de petits îlots de bois. Les nénuphars se balançaient sur l'eau. C'était un merveilleux voyage.

Enfin on arriva aux pêcheries d'anguilles où l'eau grondait dans les écluses. Ib et Christine n'en croyaient
65 pas leurs yeux !

Il n'y avait encore aucune usine, on ne voyait que la vieille ferme où il n'y avait pas beaucoup de monde. Les seuls bruits étaient celui de la chute de l'eau de l'écluse et les cris des canards sauvages. On déchargea
70 la prame, puis le père de Christine acheta un paquet d'anguilles et un porcelet saigné et il plaça le tout à l'arrière, dans un panier. L'embarcation repartit à contre-courant, mais on avait mis une voile et comme le vent était favorable, on allait aussi vite que si l'on avait été
75 tiré par deux chevaux.

---

1. *Prame* : bateau à fond plat (terme ancien).
2. *Aulnes* : arbres qui poussent au bord de l'eau.
3. *Berge* : bord d'un cours d'eau, rive.

Ib et la petite Christine

EXPRESSION ET COMPRÉHENSION

1. En vous aidant d'un dictionnaire, expliquez les expressions et mots suivants : « un lopin de terre » (l. 15), « une enfant du grand monde » (l. 28), « une fille de haute naissance » (l. 29), « aux pêcheries » (l. 33), « de petits îlots de bois » (l. 61), « les écluses » (l. 64), « un porcelet saigné » (l. 71), « le vent était favorable » (l. 73).

2. Quelles informations contenues dans le texte vous indiquent ce qu'est le métier de gabarier ? Existe-t-il encore aujourd'hui ?

3. Quel est, dans le texte, l'adjectif qui qualifie le voyage des deux enfants ? Et vous, comment qualifieriez-vous ce voyage si vous y aviez participé (relisez les lignes 51 à 75) ?

L'ACTION ET LES PERSONNAGES

4. Vous pouvez distinguer trois parties dans le début de ce conte. Pour chacune d'elles, précisez par quel mot elle commence, par quel mot elle finit, et donnez-lui un titre.

5. Dans quel pays se déroule l'action ? Situez-le sur une carte de l'Europe. Relevez quelques détails qui vous permettent de visualiser le paysage. Que représente la forêt pour les deux enfants ?

6. Qui est Jeppe-Jeans ? Qui est le père de Christine ? En quelques phrases, dites tout ce que vous savez à leur sujet.

7. Relisez attentivement le texte, puis, avec vos propres mots, établissez pour chaque enfant une fiche qui contiendra tout ce que vous avez appris le concernant. Que remarquez-vous ? Que pouvez-vous en conclure ?

À VOUS !

8. Reprenez la phrase « ... le père de Christine acheta un paquet d'anguilles et un porcelet saigné et il plaça le tout à l'arrière, dans un panier » et continuez-la en imaginant ce qu'il va arriver.

9. Dessinez une gabare.

Arrivés à l'endroit où l'homme qui aidait le père de Christine se trouvait à proximité de chez lui, ils abordèrent ; le père de Christine et l'homme partirent en recommandant aux enfants de rester tranquilles.
80 Mais ils ne surent pas rester longtemps tranquilles, ils eurent envie de regarder le contenu du panier et ils voulurent prendre le porcelet. Malheureusement, ils le laissèrent tomber et il alla dans l'eau où le courant l'emporta. C'était une terrible aventure. Ib sauta à terre
85 et se mit à courir, Christine le suivit : « Emmène-moi ! » cria-t-elle.

Ils eurent bientôt gagné les buissons ; on ne voyait plus la prame ni la rivière. Ils coururent encore, mais Christine tomba et se mit à pleurer. Ib la releva.
90 « Viens avec moi, lui dit-il. La maison est là-haut. »

Il n'y avait pas la moindre maison là-haut. Longtemps, ils marchèrent dans les feuilles sèches et les branches mortes qui craquaient sous leurs pas. Ils entendirent des appels... Ils s'arrêtèrent pour écouter, mais alors
95 c'est le cri d'un aigle qui retentit, un méchant cri, qui leur fit très peur. Mais la forêt devant eux était tapissée de myrtilles. Il y en avait en quantités incroyables et c'était trop tentant pour ne pas rester. Ils s'installèrent et mangèrent jusqu'à en avoir les lèvres et les joues
100 toutes bleues. Alors, un nouvel appel se fit entendre.

« Nous allons être battus, à cause du cochon, dit Christine.

— Rentrons à la maison, dit Ib, c'est par là dans la forêt. »
105 Ils se mirent en marche, ils trouvèrent une route, mais elle ne conduisait pas à la maison. La nuit tomba

et ils commencèrent à avoir très peur. Le silence était
coupé autour d'eux par l'horrible ululement d'un hibou
et par des cris d'oiseaux inconnus. Enfin, ils furent
110 prisonniers d'un buisson. Christine pleura et Ib pleura
avec elle et, quand ils eurent longtemps pleuré, ils se
couchèrent et s'endormirent sur le lit de feuillage.

Il faisait grand jour lorsqu'ils s'éveillèrent. Ils avaient
froid, mais sur la colline toute proche le soleil brillait
115 et ils allèrent s'y réchauffer. Ib pensait aussi qu'ils
verraient peut-être la maison de ses parents. Mais ils
en étaient bien loin, dans une tout autre partie de la
forêt. En haut de la colline, ils se trouvèrent au bord
d'un lac transparent peuplé d'une foule de poissons
120 qu'éclairaient les rayons du soleil. Ils n'avaient jamais
vu une chose pareille et à côté d'eux il y avait un
buisson de noisetiers. Il y en avait sept bouquets, ils
les cueillirent, les cassèrent et trouvèrent de petites
noisettes qui commençaient à prendre corps... Et c'est
125 alors que se produisit une chose épouvantable.

Une vieille femme sortit du buisson, elle avait le
visage sombre et les cheveux noirs et brillants. Le
blanc de ses yeux était aussi éclatant que celui d'une
mauresque[1], elle portait sur le dos un baluchon et à
130 la main un gourdin : c'était une bohémienne. Les
enfants mirent un certain temps à comprendre ce qu'elle
disait. Puis, elle sortit de sa poche trois noisettes dont
elle prétendait que chacune renfermait des merveilles.

Ib lui trouvait bonne figure, il rassembla tout son

---

1. *Mauresque :* signifie ici bohémienne.

Papier découpé d'Andersen représentant une « tête de soleil ».

135 courage et demanda à voir ces noisettes ; et la femme
les lui tendit et en cueillit d'autres dans le buisson pour
s'en remplir les poches.

Ib et Christine ouvraient de grands yeux devant ces
noisettes enchantées[1].

---

1. *Enchantées* : dotées d'un pouvoir magique.

140 « Est-ce que celle-ci contient une voiture avec des chevaux ?

— Un carrosse avec des chevaux d'or, répondit la femme.

— Tu me la donnes ? » demanda la petite Christine.

145 Ib la lui donna et la femme lui noua la noisette dans son petit fichu.

« Est-ce qu'il y a dans celle-ci un petit fichu aussi joli que celui de la petite Christine ? demanda Ib.

— Il y en a dix avec de belles robes, des bas et des
150 chapeaux, répondit la femme.

— Alors, je la veux aussi », dit Christine.

Ib lui donna la seconde noisette, la troisième était petite et noire.

« Celle-là, garde-la, dit Christine, elle est jolie aussi.
155 — Et qu'est-ce qu'elle contient ? demanda Ib.

— Ce que tu peux souhaiter de mieux », répondit la femme.

Ib rangea sa noisette. La femme leur promit de les mettre sur le bon chemin pour rentrer chez eux, et ils
160 reprirent leur marche, et, naturellement, elle alla dans la direction opposée à celle qui était la leur, mais on ne peut pas l'accuser pour autant d'avoir voulu voler ces enfants.

En pleine forêt, ils rencontrèrent le garde forestier
165 Chraen. Celui-ci connaissait Ib et, grâce à lui, les deux enfants rentrèrent chez eux où tout le monde était bien inquiet. On leur pardonna, bien qu'ils eussent mérité une bonne correction pour avoir perdu le cochon et surtout pour être partis à l'aventure.

Ib et la petite Christine

EXPRESSION ET COMPRÉHENSION

1. En vous aidant d'un dictionnaire, expliquez les expressions et les mots suivants : « à proximité de chez lui » (l. 77), « ils abordèrent » (l. 78), « ils eurent bientôt gagné les buissons » (l. 87), « prendre corps » (l. 124), « baluchon » (l. 129), « gourdin » (l. 130), « fichu » (l. 147), « une bonne correction » (l. 168), « être partis à l'aventure » (l. 169).

2. Pourquoi Ib et la petite Christine ont-ils « les lèvres et les joues toutes bleues » (l. 99 et 100) ?

3. Qu'est-ce qu'une « aventure » ? Cherchez l'origine de ce mot dans un dictionnaire. Pourquoi le voyage sur la rivière est-il devenu une « terrible aventure » (l. 84) ? Expliquez l'emploi de cet adjectif.

4. Comment la bohémienne est-elle présentée ? Quels sont les détails qui suscitent la peur ? Soyez attentif aux mots choisis par Andersen.

5. Pourquoi avoir dit : « c'est alors que se produisit une chose épouvantable » ? Expliquez l'emploi de l'adjectif.

6. Quels sont les mots qui expriment les sentiments éprouvés par les enfants au cours de leur aventure ?

L'ACTION ET LES PERSONNAGES

7. Donnez un titre aux différentes parties de ce passage :

a) depuis « Arrivés... » (l. 76) jusqu'à « ... épouvantable » ;

b) depuis « Une vieille femme... » (l. 126) jusqu'à « ... enfants » ;

c) depuis « En pleine forêt... » (l. 164) jusqu'à « ... aventure ».

8. Faites une liste de tous les dangers de la forêt et de ce qui est de nature à effrayer les enfants.

9. À quel moment précis la petite Christine dit-elle : « nous allons être battus, à cause du cochon » ? Quel sentiment éprouve-t-elle alors ?

10. Quel est le double rôle joué par la bohémienne ?

11. À votre avis, quel est l'événement particulier de cet extrait qui va avoir une influence sur la suite du conte ?

170 La petite Christine retourna sur la lande et Ib resta
dans sa ferme.

La première chose qu'il fit fut de sortir la petite
noisette qui renfermait « ce qu'il pouvait souhaiter de
mieux ». Il la déposa dans l'embrasure de la porte puis
175 poussa la porte. La noisette craqua, mais elle ne
contenait pas d'amande, et il n'en sortit que de la
poussière et de la terre ; c'était une noisette véreuse,
comme on dit.

« J'aurais dû m'en douter, se dit Ib. Comment une
180 petite chose comme cette noisette aurait-elle pu contenir
ce que je pouvais souhaiter de mieux ? Christine n'aura
pas non plus de carrosse d'or ni de beaux atours dans
ses deux noisettes ! »

L'hiver arriva, puis la nouvelle année.

185 Et plusieurs années s'écoulèrent. Ib allait au catéchisme
et le pasteur habitait très loin. Un jour, le père de
Christine rendit visite aux parents d'Ib, et il raconta
que Christine allait commencer à gagner sa vie : elle
allait entrer au service d'une riche famille d'aubergistes
190 d'Herning, à l'ouest ; c'était une chance pour elle d'être
tombée en de si bonnes mains. Elle allait d'abord aider
la mère, puis, lorsqu'elle aurait fait ses preuves, ils la
garderaient.

Ib et Christine se séparèrent : on les appelait les
195 fiancés. En partant, elle lui montra qu'elle avait encore
ses deux noisettes qu'il lui avait données lorsqu'ils
s'étaient perdus dans la forêt et elle ajouta qu'elle avait
aussi dans sa malle les petits sabots taillés de ses mains
quand il était petit. Et l'on prit congé.

200   Ib fut confirmé[1], mais il resta à la maison, car il était
devenu un habile sabotier et savait cultiver la terre.
Pendant l'été, son père était mort et la mère n'avait
plus que lui pour le faire.

On n'avait presque plus de nouvelles de Christine,
205 si ce n'est par le facteur ou quelque pêcheur paysan.
Elle se trouvait bien chez les riches aubergistes. Pour
sa confirmation, elle écrivit une lettre à son père où
elle envoyait ses amitiés à Ib et à sa mère ; elle parlait
aussi de six chemises que lui avaient données ses
210 patrons. C'étaient effectivement de bonnes nouvelles.

Mais un beau jour, au printemps suivant, on frappa
à la porte d'Ib et de sa mère. C'était Christine
accompagnée de son père ; elle était venue en visite
pour une journée en profitant d'un voyage à Them
215 aller et retour. Elle était aussi belle que les plus élégantes
demoiselles, portait un costume bien taillé qui lui allait
très bien. Elle était en grande tenue, alors que Ib portait
ses vêtements de tous les jours. Il ne pouvait prononcer
une parole. Il prit la main de Christine et la serra très
220 fort, mais il ne pouvait dire un seul mot tant il était
ravi. Christine, elle, n'était pas embarrassée et bavardait
tranquillement.

« Est-ce que tu ne me reconnais pas ? » demanda-
t-elle.

225   Mais, même lorsqu'ils furent seuls, et qu'il lui tenait
encore la main, il ne sut rien dire d'autre que :

---

1. *Ib fut confirmé* : il fit sa confirmation, l'équivalent de la communion
solennelle chez les catholiques des pays latins.

« Tu es devenue si élégante et j'ai l'air si mal fichu[1] !
Si tu savais comme j'ai pensé à toi et au temps passé,
Christine ! »

230   Ils montèrent la Butte en se tenant par le bras et
regardèrent au-delà de la rivière Guden la lande de Seis
avec ses étendues de bruyère, mais Ib ne disait rien.
Pourtant, il lui paraissait évident que Christine devait
devenir sa femme, puisqu'on les avait toujours considérés

235   comme des fiancés. Il lui semblait qu'ils étaient promis
l'un à l'autre, sans qu'aucun d'eux en ait jamais rien
dit.

Il ne restait plus que quelques heures à passer
ensemble, puisque Christine devait retourner à Them,

240   d'où la voiture devait repartir le lendemain matin. Le
père de Christine et Ib l'accompagnèrent à Them. Le
clair de lune était beau et Ib tenait toujours la main
de Christine, il ne pouvait pas se résoudre à la lâcher :

« Est-ce que tu n'as pas pris des habitudes trop

245   élégantes, demanda-t-il, et crois-tu que tu pourrais vivre
dans la maison de ma mère mariée avec moi, puisque
nous devons être mari et femme... peut-être devrions-
nous attendre un peu.

— Oui, nous avons le temps, Ib ! » répondit-elle.

250   Elle lui serra encore la main et il l'embrassa sur la
bouche...

« Je compte sur toi, Ib ! dit Christine, et je crois bien
que je t'aime, mais il faut laisser passer la nuit là-
dessus. »

---

1. *Mal fichu :* mal habillé (familier).

255   Et ils se séparèrent. Ib dit au gabarier qu'il était pratiquement fiancé avec Christine. Le gabarier pensa que les choses étaient bien ainsi. Ib et Christine dormirent dans le même lit et plus personne ne parla de fiançailles.

260   Une année s'écoula. Ib et Christine échangèrent deux lettres qui se terminaient par un serment : « Fidèle jusqu'à la mort ! »

    Un jour, le gabarier se présenta chez Ib, il devait le saluer de la part de Christine ; et ce qu'il avait à dire
265 en outre avait peine à sortir. Tout allait bien pour Christine, tout allait même très bien, puisque c'était une belle fille et que tout le monde l'estimait et l'aimait bien. Le fils de l'aubergiste lui avait rendu visite, il avait une place de bureau à proposer à Christine à Copenhague.
270 Christine lui plaisait et ses parents ne lui étaient pas hostiles, mais Christine savait que Ib pensait sans doute beaucoup à elle et elle était prête à renoncer pour lui à son bonheur. Ib devint blanc comme un linge, puis il hocha la tête et dit :

275   « Il ne faut pas que Christine renonce à ce bonheur !

    — Écris-lui donc quelques lignes », dit le gabarier.

    Ib écrivit, mais il eut beaucoup de mal à écrire, il n'arrivait pas à trouver ses mots ; il biffait[1], raturait...
280 Sur le matin, il acheva quand même la lettre suivante :

    « J'ai lu la lettre que tu as envoyée à ton père et je vois que tout va très bien pour toi et les choses peuvent

---

1. *Biffait :* rayait ce qu'il avait écrit.

La Bourse de Copenhague.
Dessin de Thérond gravé par Laly en 1862.

même aller encore mieux ! Demande-toi bien ce que tu
ressens, Christine, et songe à ce qui t'attends si tu
285 m'épouses. Je ne possède presque rien. Ne pense ni à
moi, ni à ma situation, mais à ton avenir. Aucune
promesse ne te lie à moi si ce n'est celle que tu as pu
faire en ton cœur, et de celle-là je te délie[1]. Que toute
la joie du monde soit avec toi, petite Christine ! Dieu
290 saura réconforter mon cœur !

Avec toute mon amitié
Ib »

---

1. *Je te délie* : je te libère de ton serment.

Il envoya la lettre et Christine la reçut.

On publia les bans, le matin dans l'église de la lande
295 et à Copenhague où habitait le fiancé, et Christine se
rendit avec sa patronne à Copenhague car le fiancé ne
pouvait pas se rendre en Jylland[1] à cause de ses multiples
affaires. Il était entendu que Christine et son père se
rencontreraient au village de Funder ; et c'est là qu'ils
300 se dirent adieu. Le père en dit quelques mots, mais Ib
ne dit rien. Sa vieille mère trouvait qu'il était devenu
très songeur. Il était si songeur qu'il songea même aux
trois noisettes que la bohémienne lui avait données
quand il était enfant et dont il en avait donné deux à
305 Christine. De tous ces souhaits, celui des chevaux et
du carrosse d'or et des vêtements splendides se réalisait
pour Christine ! Elle aurait toutes ces belles choses dans
la ville royale et ses vœux seraient exaucés ! La noisette
d'Ib ne contenait que du terreau[2] noir. « Ce qu'il y
310 avait de mieux pour lui », avait dit la bohémienne ; et
cela aussi devait se réaliser ! La terre noire était ce qu'il
y avait de mieux pour lui : autrement dit, le secret de
la tombe était ce qu'il y avait de mieux pour lui.

De longues années passèrent, pas nombreuses mais
315 longues, trouva Ib. Les aubergistes moururent, l'un
suivant l'autre de près ; et leur fortune, des milliers et

---

1. *Jylland* : région du Danemark appelée aussi Jutland (voir p. 17).
2. *Terreau* : terre comprenant des matières végétales et animales
décomposées.

des milliers de rixdales[1], passa tout entière à leur fils. Christine eut donc bien un carrosse et de splendides vêtements.

320   Au cours des deux années suivantes, on n'eut aucune nouvelle d'elle, mais quand son père reçut une lettre, les nouvelles n'étaient pas si bonnes. Pauvre Christine ! La fortune était partie comme elle était venue, ni elle ni son mari n'avaient su se limiter, et cette richesse
325 n'avait pas été bénie.

(À suivre...)

---

1. *Rixdales :* mot néerlandais qui désignait l'ancienne monnaie des Pays-Bas et de différents pays du nord.

Ib et la petite Christine

EXPRESSION ET COMPRÉHENSION

1. En vous aidant d'un dictionnaire, expliquez les expressions et mots suivants : « l'embrasure de la porte » (l. 173), « véreuse » (l. 176), « de beaux atours » (l. 182), « on prit congé » (l. 199), « il faut passer la nuit là-dessus » (l. 253), « ses parents ne lui étaient pas hostiles » (l. 270), « on publia les bans » (l. 294), « il était devenu très songeur » (l. 301).

2. Étudiez l'expression « blanc comme un linge » (l. 273). Comment s'appelle cette figure de style ? Trouvez cinq expressions construites de la même façon.

3. Que pensez-vous de la manière dont Ib explique les paroles de la bohémienne quand il traduit « la terre noire était ce qu'il y avait de mieux pour lui » par « autrement dit, le secret de la tombe était ce qu'il y avait de mieux pour lui » (l. 311 à 313) ?

4. Combien de temps s'est-il passé entre le retour des enfants chez eux et le mariage de Christine ? Relevez dans le texte toutes les indications temporelles.

L'ACTION ET LES PERSONNAGES

5. Quel ordre suit l'auteur pour raconter l'histoire d'Ib et de Christine ?

6. La situation de Christine évolue. Quelles en sont les trois étapes ?

7. Décrivez les sentiments d'Ib vis-à-vis de Christine et de Christine vis-à-vis d'Ib. Évoluent-ils au cours de cet extrait ? Justifiez votre réponse.

8. Relevez les différents moments où l'on apporte des nouvelles de Christine. Quelle image de la jeune fille en ressort-il ?

9. Quel genre de vie mènent Ib et Christine à partir du moment où ils sont séparés ? Où habitent-ils ? Quel travail exercent-ils ? Quel est leur niveau de vie ? Quel genre de personnes fréquentent-ils ?, etc. D'après ces éléments, vous semble-t-il possible qu'ils se retrouvent et vivent un jour ensemble ?

10. Que pensez-vous de la lettre d'Ib à Christine ? À votre avis, reflète-t-elle ses sentiments ? Pourquoi ?

La bruyère fleurit puis sécha. La neige avait couvert
pendant plusieurs hivers la lande de Seis et la Butte où
habitait Ib. Le soleil de printemps brilla et Ib laboura
le sol de sa charrue ; et le soc heurta quelque chose,
330 un silex, pensa-t-il. Une sorte de ruban noir sortit du
sol, Ib le prit et s'aperçut que c'était du métal, un
métal poli et brillant à l'endroit entamé par la charrue.
C'était un lourd bracelet d'or ancien. On avait fouillé
une tombe de chef et on avait trouvé ses précieux
335 joyaux. Celui-là était resté. Ib montra l'objet au pasteur
qui lui dit qu'il était splendide, puis il le porta chez le
juge du canton et celui-ci envoya un rapport à
Copenhague en conseillant à Ib d'aller remettre lui-
même l'objet à la capitale.

340   « Tu as trouvé dans la terre exactement ce que tu
pouvais trouver de mieux » dit le juge du canton.

   « Vraiment, se dit Ib. Ce qu'il y avait de mieux pour
moi, je l'ai trouvé dans la terre ! La bohémienne avait
donc raison pour moi aussi si cet objet était ce qu'il y
345 avait de mieux ! »

   Ib fit la traversée d'Aarhus à Copenhague. Ce fut
comme la traversée de l'Océan pour lui qui n'avait
passé que le lac de Guden. Et il se trouva à Copenhague.
On lui paya le bracelet d'or, on le lui paya même six
350 cents rixdales. Et Ib errait dans la grande ville de
Copenhague où l'on se perd.

   La veille du jour où il devait reprendre le bateau
pour Aarhus, il s'égara effectivement dans les rues, et
prit une autre direction que celle qu'il cherchait. Il
355 arriva sur le pont de Knippel à Christianshavn, au lieu
d'aller vers les remparts et la porte de l'Ouest. Il allait

113

bien vers l'ouest, mais pas du côté qu'il fallait. Il n'y avait personne dans la rue, sauf une petite fille qui sortit d'une maison misérable. Comme Ib lui demandait
360 son chemin, elle le regarda et éclata en sanglots. Il ne comprit pas ce qu'elle avait. Elle dit quelques mots qu'il ne comprit pas non plus, et comme ils étaient sous un réverbère qui éclairait le visage de l'enfant, il s'aperçut que c'était tout le portrait de la petite
365 Christine, telle qu'il se la rappelait du temps de leur enfance.

Il entra dans cette pauvre maison, gravit les marches d'un escalier usé et arriva dans une petite chambre mansardée, sous les toits. L'air était étouffant et il n'y
370 avait aucune lumière. Dans un coin on entendait une respiration oppressée. Ib frotta une allumette. La mère de l'enfant était couchée dans ce misérable lit.

« Est-ce que je peux vous aider ? demanda Ib. La petite m'a conduit ici, mais je suis étranger dans cette
375 ville. Est-ce qu'il y aurait un voisin ou quelqu'un que je puisse appeler ? »

Il souleva la tête de la malade. C'était Christine, de la lande de Seis.

Il y avait des années que l'on n'avait pas parlé d'elle
380 dans la maison d'Ib en Jylland. Cela aurait troublé le cours des pensées, et ce que l'on racontait n'était pas très bon, et ces bruits étaient vrais : tout l'argent hérité des aubergistes avait rendu le mari de Christine arrogant et débauché. Il avait quitté son travail, voyagé six mois
385 à l'étranger, en revenant il avait fait des dettes et beaucoup de sottises. À force de pencher, le bateau

avait chaviré. Les joyeux drilles[1] qu'il avait reçus à sa table disaient tous qu'il méritait ce qui lui arrivait, car il avait vécu de façon déraisonnable !... Un matin, on avait retrouvé son cadavre dans le canal du parc royal.

Christine était déjà habitée par la mort. Son dernier enfant, conçu dans la richesse et né dans la misère, était déjà mort, et Christine elle-même était abandonnée là, agonisante, dans une chambre misérable dont elle aurait pu supporter le dénuement dans sa jeunesse, où elle était habituée à la pauvreté de la lande de Seis, mais qui la faisait cruellement souffrir aujourd'hui. L'enfant, qui s'appelait également Christine et souffrait avec elle de la faim et de la misère, était son aînée, et c'était elle qui avait mené Ib jusqu'à cette pauvre couche.

« J'ai peur de mourir en laissant cette malheureuse enfant ! soupira Christine, que va-t-elle devenir ? »

Elle ne put dire un mot de plus. Ib frotta une seconde allumette et trouva un bout de chandelle qui éclaira la chambre.

Il revoyait dans le visage de l'enfant la petite Christine de sa jeunesse. En souvenir de Christine, il pourrait être bon pour cette enfant qui lui était étrangère. La malade le regarda, elle ouvrait des yeux de plus en plus grands... Ib ne sut pas si elle le reconnaissait, il ne l'entendit plus dire un seul mot.

---

1. *Joyeux drilles* : personnes qui s'amusent sans se préoccuper des choses sérieuses.

Maison danoise traditionnelle où Andersen passa son enfance,
à Odense. Tableau de J. H. T. Hanck.

Sur la forêt, au bord de la rivière Guden, près de la
lande de Seis, le ciel est gris, la bruyère sèche, les forts
vents d'ouest poussent les feuilles jaunies dans la rivière
et sur la lande, avec la maison au toit de chaume,
415 habitée par des étrangers. Au bas de la Butte, abritée
par les arbres, il y a une petite maison peinte en blanc.
De la tourbe[1] des marais brûle dans le poêle. Un rayon
de soleil éclaire la pièce. Avec deux yeux d'enfant, une

---

1. *Tourbe* : boue provenant de la décomposition de végétaux, utilisée
comme combustible.

enfant qui rit et gazouille comme l'alouette au printemps, la maison est gaie et la petite Christine est là. Elle est assise sur les genoux d'Ib ; Ib est à la fois pour elle son père et sa mère car elle a oublié l'un et l'autre, 420 comme on oublie un rêve que l'on soit enfant ou adulte. Ib est assis dans sa maison blanche et coquette, il vit à son aise. La mère de la fillette repose dans le cimetière des pauvres à Copenhague. On dit que Ib a de l'or au fond de son coffre, de l'or trouvé dans la 425 terre, et il a aussi la petite Christine.

Traduction de D. Soldi, E. Grégoire, L. Moland, revue par É. Avenard.

Ib et la petite Christine

EXPRESSION ET COMPRÉHENSION

1. En vous aidant d'un dictionnaire, expliquez les expressions et mots suivants : « joyaux » (l. 335), « canton » (l. 341), « réverbère » (l. 363), « mansardée » (l. 369), « une respiration oppressée » (l. 371), « arrogant et débauché » (l. 383), « à force de pencher, le bateau avait chaviré » (l. 386), « dénuement » (l. 395).

2. Combien de temps s'est-il écoulé entre le moment où Ib a eu les dernières nouvelles de Christine et leur rencontre à Copenhague ? Citez les éléments du texte qui vous permettent de répondre.

3. Quel aspect de la vie d'Ib est mis en valeur dans les premières lignes de cet extrait ? Citez le texte.

4. Relevez tous les mots et les expressions qui révèlent la misère de Christine.

5. Commentez la dernière phrase du texte. Que signifie-t-elle pour vous ?

L'ACTION ET LES PERSONNAGES

6. Quelles sont les trois grandes parties de cet extrait ? Précisez par quels mots chacune d'elles commence et finit, puis donnez-lui un titre.

7. Que dit le juge à Ib ? Retrouvez, dans les extraits précédents, deux phrases qui font écho à celle-ci. Pourquoi cette phrase est-elle importante dans le déroulement de l'action ?

8. La découverte du bracelet a deux conséquences pour Ib. Lesquelles ?

9. Résumez l'aventure d'Ib à Copenhague. Quelle image Andersen nous donne-t-il de cette ville ?

QUESTIONS SUR L'ENSEMBLE DU CONTE

1. Que pensez-vous de la prédiction de la bohémienne ?

2. Comment expliquez-vous le titre du conte après l'avoir lu en entier ?

3. Avez-vous aimé ce conte ? Pourquoi ?

Le Porcher

Il y avait une fois un prince. Il n'était pas riche. Son royaume n'était pas grand. Mais il avait de quoi nourrir une femme et des enfants. Or il voulait justement se marier.

5   Il était connu dans toutes les cours pour sa bonne mine, sa grâce et sa gentillesse. Bien des princesses lui auraient volontiers accordé leur main. Sachant qu'il avait le don de plaire, il eut la témérité[1] de vouloir épouser la fille d'un puissant empereur, son voisin.
10 Comment s'y prit-il pour réussir ?

    Sur la tombe de son père poussait un rosier, le plus magnifique des rosiers. Il ne fleurissait que tous les cinq ans, et ne portait alors qu'une seule rose. Mais quelle rose ! Elle exhalait un parfum si doux, si délicieux,
15 que, pendant huit jours après l'avoir respiré, on oubliait tous ses chagrins et toutes ses peines. Le prince possédait, en outre, un rossignol qui chantait les plus ravissantes mélodies qu'on pût imaginer. Ces deux merveilles, la plante et l'oiseau, le prince les envoya en cadeau à la
20 princesse pour gagner ses bonnes grâces. Lorsque les caisses, en argent massif, où ces présents étaient emballés, arrivèrent à la cour impériale, l'empereur les fit porter

---

1. *Témérité* : audace.

dans la grande salle où justement la princesse jouait *à la visite*[1] avec ses demoiselles d'honneur.

25 « Si les caisses sont si précieuses, dit-elle en battant joyeusement des mains, quel beau cadeau ne doivent-elles pas contenir ? S'il y avait un gentil petit chat, bien gai, bien espiègle ! »

On déballa, et d'abord apparut le rosier avec la
30 superbe rose :

« Oh ! qu'elle est bien imitée ! s'écrièrent les demoiselles d'honneur.

— Jusqu'au velouté des feuilles qui est rendu à merveille ! » dit l'empereur.

35 La princesse prit en main la fleur et la regarda de près :

« Fi donc[2] ! dit-elle en pleurant de dépit[3] ; elle n'est pas artificielle ; c'est une rose naturelle comme toutes les roses.

40 — Fi ! fi donc ! comment, une rose naturelle, pas davantage ! s'écrièrent en chœur les demoiselles d'honneur indignées.

— Voyons cependant, dit l'empereur, ce qu'il y a dans la seconde caisse. »

45 On retira le rossignol qui, rendu à la lumière, fit entendre ses chants les plus doux, les plus mélodieux. Bien qu'ils eussent le goût entièrement corrompu par l'amour du faux et du factice[4], les courtisans demeurèrent

---

1. Le caractère italique indique ici les mots écrits en français dans le texte original danois d'Andersen.
2. *Fi donc* (ou *fi*) : interjection marquant la déception.
3. *Dépit* : contrariété.
4. *Factice* : artificiel (sens péjoratif).

Illustration de Hans Tegner pour *le Porcher*.

quelque temps saisis par ces trilles exquises, par ces
50 roulades délicieuses.

« *Superbe ! charmant !* » disaient les demoiselles d'honneur. On n'était pas en France, mais elles employaient
ces mots français pour mieux marquer leur admiration.

55 « Cet oiseau, dit un vieux courtisan, me rappelle la
tabatière à musique de feu[1] l'impératrice ; c'est la même
qualité de son, la même cadence.

---

1. *Feu :* qui est morte.

— C'est tout à fait cela, fit l'empereur qui, à ce souvenir, se mit à sangloter comme un petit enfant.

60 — L'oiseau est-il vraiment un automate ? demanda la princesse.

— Mais non, Altesse, dit le page qui tenait la cage : c'est bel et bien un rossignol en vie.

— Mettez-le en liberté ! s'écria la princesse, et qu'il
65 s'envole où il voudra. Quant au prince, qu'il ne paraisse jamais devant mes yeux ! »

Le prince n'était pas timide. Malgré cette injonction[1], il se présenta à la cour, à la vérité sous un déguisement. Il se hâla[2] le teint avec du brun et du noir, vêtit
70 ses habits de paysan, enfonça une casquette sur ses yeux. Ainsi accoutré[3], il vint se présenter devant Sa Majesté.

« Bonjour, empereur, lui dit-il d'un air niais. N'auriez-vous pas quelque emploi à me donner dans votre
75 château ?

— Il y a bien des places vacantes [4], répondit l'empereur, mais elles sont sollicitées [5] par tant de monde que je ne sais s'il en restera quelqu'une pour toi. Cependant, j'y pense, il est un office que
80 personne n'a demandé, c'est celui qui oblige à garder mes troupeaux de porcs. En veux-tu ? »

Le prince accepta la proposition ; il reçut un beau

---

1. *Injonction :* ordre.
2. *Se hâla :* se colora.
3. *Accoutré :* bizarrement habillé.
4. *Vacantes :* libres.
5. *Sollicitées :* demandées, réclamées.

diplôme en lettres d'or lui conférant la dignité de porcher impérial. En revanche, son logis n'était ni vaste
85 ni beau ; il consistait en une chambre située au-dessus de l'étable.

Tout en gardant ses porcs, il se mit à confectionner un amour de petite marmite dont le couvercle était garni de petites clochettes. Quand elle bouillait sur le
90 feu, les clochettes résonnaient de la plus gentille façon et faisaient entendre un air connu. Cela n'était rien encore. Voici où était le merveilleux. Quand on tenait son doigt à la vapeur qui sortait de la marmite, on sentait aussitôt l'odeur des mets qui se cuisinaient chez
95 n'importe quelle personne de la ville à laquelle on pensait. Certes, c'était bien plus intéressant que le parfum de la rose.

Le lendemain, la princesse avec toute sa suite passa près de la basse-cour. Elle entendit la mélodie que
100 jouaient les clochettes et s'arrêta toute joyeuse.

« Tiens ! s'écria-t-elle, c'est l'air que j'ai appris à jouer au piano pour la fête de papa ! » La chronique scandaleuse[1] ajoutait qu'elle n'en savait pas d'autre, et encore ne le jouait-elle qu'avec un seul doigt.
105 « Que j'aime donc cet air ! continua-t-elle. Ce porcher vraiment n'est pas le premier venu. Allez lui demander combien il veut vendre son instrument. »

Une des demoiselles d'honneur entra, après mille simagrées, dans la basse-cour.
110 « Quel prix veux-tu de ce pot ? dit-elle.

---

1. *La chronique scandaleuse :* l'ensemble des nouvelles rapportant des faits jugés contraires aux règles de la bonne société.

Illustration de M. Dobovjinski pour *le Porcher*.
Berlin, 1922.

124

— Il me faut dix baisers de la princesse, répondit le porcher.

— Tu es fou ! s'écria-t-elle.

— C'est mon dernier mot.

115 — Eh bien, qu'a-t-il demandé ? dit la princesse lorsqu'elle vit revenir sa suivante.

— Je n'ose pas le répéter.

— Dis-le-moi à l'oreille.

— Le manant[1] ! le malotru[2] ! » s'écria-t-elle lorsqu'elle
120 entendit la réponse du porcher, et, tout en colère, elle se mit à marcher de long en large. Mais voilà que les clochettes recommencèrent à tinter si mélodieusement qu'au bout d'un instant, ne pouvant résister au désir qui la tourmentait, elle dit :

125 « Allez lui demander s'il ne veut pas accepter dix baisers de l'une de vous, mesdemoiselles.

— Ce que j'ai dit, je l'ai dit, répondit le porcher. La princesse, ou rien.

— Quel entêté ! dit la princesse. Enfin, faites-le venir.
130 Vous vous placerez en rond autour de moi pour que personne ne me voie l'embrasser. »

Le porcher arriva. Les suivantes se rangèrent en cercle, élargissant le plus possible leurs jupes pour faire une haie complète. La princesse, faisant une vilaine moue[3],
135 donna précipitamment les dix baisers et reçut la marmite.

Quelle joie ce fut alors ! Tout le reste de la journée,

---

1. *Manant* : paysan (terme péjoratif et vieilli).
2. *Malotru* : personne aux manières grossières.
3. *Moue* : légère grimace.

et jusque bien avant[1] dans la nuit, on fit bouillir le pot
et on le consulta pour savoir ce que chacun mangeait
à son dîner, depuis le chambellan[2] jusqu'au savetier.
140 Les demoiselles d'honneur sautaient, dansaient, battaient
des mains. Elles coururent chercher la grande maîtresse
des cérémonies :

« Croyez-vous, madame ? dirent-elles toutes ensemble.
Nous savons qu'il y aura ce soir, chez le chancelier, de
145 la soupe à la citronnelle et du blanc-manger[3], et, chez
notre maître de danse, un beau rôti de veau et du
pudding. Que c'est amusant et curieux !

— Allons, ne babillez pas trop, dit la princesse, et
surtout n'allez pas dire ce que m'a coûté cette marmite,
150 car il faut que je tienne mon rang de fille d'empereur.

— Ne craignez rien, Altesse », dirent les suivantes,
et l'on se remit à interroger la marmite indiscrète.

Dans l'intervalle, le porcher ou le prince, puisque
nous connaissons son secret, s'était ingénié[4] à
155 confectionner une crécelle[5] admirable : quand on
la faisait tourner, on entendait toutes les valses, galops,
sarabandes, quadrilles[6], airs de danse qui avaient été
composés depuis la création du monde.

---

1. *Bien avant* : bien tard.
2. *Chambellan* : personne chargée du service de la chambre d'un prince.
3. *Blanc-manger* : dessert à base de blanc d'œuf et d'amandes.
4. *S'était ingénié* : avait fait tous ses efforts.
5. *Crécelle* : petit instrument constitué d'un moulinet et d'une languette en bois flexible.
6. *Galops, sarabandes, quadrilles* : danses anciennes.

La princesse, passant près de la basse-cour, entendit
60 cette joyeuse musique ; elle en fut ravie. « Courez,
s'écria-t-elle, courez lui demander ce qu'il veut de son
instrument. Mais point de baisers, je n'en donne plus. »

La demoiselle d'honneur chargée de la commission
vint redire que l'impudent[1] exigeait cent baisers de la
65 princesse.

« Il est absolument fou », dit-elle, et elle s'en alla.
Elle n'avait pas fait cent pas qu'elle reprit : « Je suis,
après tout, la fille de l'empereur, et mon devoir est
d'encourager les arts. Allez lui dire qu'il aura dix baisers
70 de moi et quatre-vingt-dix autres de vous, mesdemoiselles.

— Comment ! il nous faudra embrasser ce rustre[2] ?

— Eh bien ! je le fais, moi, et vous que j'entretiens,
que je nourris, qui êtes mes sujettes, vous hésiteriez à
le faire ? Allons, dépêchez et obéissez.

75 — Je veux cent baisers de la princesse, ou je garde
ma crécelle », telle fut la réponse du porcher.

La princesse finit par se rendre, et, faisant placer de
nouveau ses suivantes en cercle autour d'elle, elle se
mit à compter au porcher les baisers.

80 « Qu'est-ce donc que cet attroupement près de l'étable
aux porcs ? » se dit l'empereur qui était à son balcon.
Il se frotta les yeux, prit ses lunettes et dit : « Ah, ce
sont les demoiselles d'honneur ! Quel tour d'espièglerie
font-elles encore ? Je m'en vais voir. »

185 Et, chaussant des pantoufles pour ne pas faire de

---

1. *Impudent* : insolent.
2. *Rustre* : homme grossier et brutal.

127

bruit, il descendit et approcha sans être remarqué, tant les suivantes étaient occupées à bien compter le nombre des baisers, pour que le croquant[1] n'en reçût pas un de plus que son compte. L'empereur se leva sur ses
190 pieds et faillit tomber de son haut : la princesse, sa fille, venait de donner le soixante-huitième baiser. Une colère terrible le saisit.

Prenant sa pantoufle, il en distribua des coups aux suivantes qui s'enfuirent éperdues. Et, sans vouloir
195 rien écouter, il bannit[2] de ses États la princesse et le porcher.

Les deux exilés marchèrent longtemps ensemble sans rien dire. Survint la pluie et le vent. La pauvre princesse pleurait à chaudes larmes : « Infortunée créature que je
200 suis, soupira-t-elle. Si au moins j'avais épousé le gentil prince qui demanda naguère ma main, je ne serais pas si à plaindre maintenant. »

Le porcher s'en alla derrière les arbres, enleva le maquillage qui noircissait son teint, revêtit ses beaux
205 habits de prince qu'il avait dans sa valise ; il reparut : il était si beau que la princesse, toute désolée qu'elle était, sentit s'arrêter le cours de ses larmes.

« Je suis le prince dont tu viens de parler, dit-il. Mais ne te réjouis pas, je ne t'aime plus, je te méprise. Ah !
210 tu n'as pas voulu d'un honnête prince qui voulait faire de toi la compagne de sa vie, tu n'as pas compris la

---

1. *Croquant :* paysan (terme péjoratif et vieilli).
2. *Bannit :* chassa.

merveille de la rose et du rossignol, et, pour un jouet, tu as pu condescendre[1] à embrasser un porcher. Adieu ! pour toujours. »

215   Il se rendit dans son petit royaume. La princesse courut derrière lui, demandant pardon. Mais il lui ferma au nez la porte de son palais.

Traduction de D. Soldi, E. Grégoire, L. Moland,
revue par É. Avenard.

---

1. *Condescendre* : t'abaisser.

Le Porcher

EXPRESSION ET COMPRÉHENSION

1. En vous aidant d'un dictionnaire, expliquez les expressions et mots suivants : « le don de plaire » (l. 8), « ses bonnes grâces » (l. 20), « jouait à la visite » (l. 23), « espiègle » (l. 28), « s'écrièrent en chœur » (l. 41), « le goût... corrompu » (l. 47), « trilles exquises... roulades délicieuses » (l. 49), « de la plus gentille façon » (l. 90), « simagrées » (l. 109), « exilés » (l. 197).

2. Dans quel sens est employé le mot « dignité » dans la phrase : « il reçut... impérial » (l. 82 à 84) ? L'emploi de ce mot est-il drôle ici ? Pourquoi ?

L'ACTION ET LES PERSONNAGES

3. Quel est le projet du prince au début du conte ? Quels sont ses handicaps et ses atouts pour réaliser ce projet ?

4. Par quels moyens le prince peut-il séduire la princesse ? Montrez-en l'originalité.

5. À votre avis, le prince a-t-il raison de persister dans son projet, malgré l'échec de sa première tentative de séduction ? Pourquoi ?

6. De quelles qualités fait-il preuve en pénétrant déguisé dans le château ? en acceptant l'emploi de porcher ? en fabriquant la marmite et la crécelle ?

7. Trouvez-vous ce personnage sympathique ? Pourquoi ?

8. Andersen cherche-t-il à rendre la princesse sympathique ? Pour répondre, faites une liste de ses qualités et de ses défauts.

9. Quelle image Andersen donne-t-il de la cour de l'empereur ? À votre avis, quel type d'éducation la princesse a-t-elle reçu ? Comment l'empereur, la princesse, les demoiselles d'honneur et les courtisans sont-ils représentés ? Citez le texte.

10. Pourquoi la princesse se fait-elle chasser par son père ? Que pensez-vous de l'attitude de ce dernier ? Justifiez votre réponse.

11. À votre avis, le prince a-t-il raison de rejeter la princesse à la fin du conte ? Quelles sont ses raisons ?

12. D'après vous, quelle est la morale finale de l'histoire ? L'approuvez-vous ? Justifiez votre réponse.

Ce que fait le vieux est bien fait

JE VAIS vous raconter une histoire que j'ai entendue lorsque j'étais petit. Chaque fois que je me la rappelai par la suite, elle me parut plus jolie, et, en effet, les contes sont comme les hommes : il en est qui
5 embellissent avec l'âge.

Vous connaissez la campagne ? Vous y avez vu une de ces vieilles maisons de paysan, avec son toit de chaume où poussent les herbes et la mousse ; sur le faîte, bien sûr, un nid de cigogne. Les murs sont de
10 guingois[1], les fenêtres basses ; une seule même peut encore s'ouvrir. Le four à pain sort de la muraille comme un petit ventre. Un sureau[2] dépasse la haie, et sous ses branches, des canards se baignent dans la mare. Un chien à l'attache aboie après tout le monde.

15 Dans une de ces demeures rustiques habitait un couple de vieux, un paysan et une paysanne. Ils ne possédaient presque rien et pourtant ils n'avaient guère besoin du cheval qui paissait l'herbe des fossés au bord de la route. Quand le paysan allait en ville, il montait

---

1. *De guingois* : de travers.
2. *Sureau* : arbuste à fleurs blanches et à fruits rouges ou noirs.

131

Elle lui attacha autour du cou un beau foulard,
qu'elle savait arranger mieux que lui...
Gravure de Hans Tegner.

20 la bête ; souvent les voisins la lui empruntaient, et en
retour ils rendaient au brave homme quelques services.
On aurait peut-être mieux fait de le vendre ou de
l'échanger contre un objet plus utile. Mais quoi, par
exemple ?

25 « Tu trouveras bien, dit la bonne femme. C'est jour
de foire à la ville. Vas-y avec le cheval, tu en tireras de
l'argent ou tu feras un échange. Tout ce que tu feras
sera bien. En route ! »

Elle lui attacha autour du cou un beau foulard, qu'elle
30 savait arranger mieux que lui, et elle y fit un double
nœud très coquet. Elle lissa son chapeau avec la paume[1]
de la main, et lui donna un gros baiser. Puis il monta
sur le cheval pour aller le vendre ou l'échanger. Oui,
le vieux s'y entendait, il savait bien quoi faire !

35 Le soleil était brûlant ; il n'y avait pas un nuage au
ciel. Le vent soulevait la poussière sur la route où se
pressaient les gens qui allaient à la ville, en voiture, à
cheval ou à pied. Ils avaient tous bien chaud, et il n'y
avait pas d'ombre.

40 Un homme conduisait une vache, aussi belle qu'une
vache peut l'être. « Quel bon lait elle doit donner ! se
dit le paysan. Voilà qui serait un fameux échange. »

« Hé là-bas ! l'homme à la vache ! sais-tu ce que je
peux te proposer ? Un cheval, je le sais, coûte plus
45 cher qu'une vache ; mais veux-tu troquer ta vache contre
mon cheval ?

---

1. *Paume* : intérieur de la main.

— Je crois bien ! » répondit l'homme, et ils
échangèrent leurs bêtes.

Voilà qui était fait, et le vieux paysan aurait pu s'en
50 retourner chez lui, puisqu'il avait terminé l'affaire pour
laquelle il s'était mis en chemin. Mais comme il s'était
fait une fête de voir la foire, il résolut d'y aller quand
même, et il repartit avec sa vache. Comme ils marchaient
d'un bon pas, il ne tarda pas à rejoindre un homme
55 qui conduisait un mouton, un mouton comme on en
voit peu, avec une épaisse toison de laine.

« Voilà une belle bête que je voudrais bien avoir ! se
dit le vieux paysan. Un mouton trouverait tout ce qu'il
lui faut d'herbe le long de notre haie ; l'hiver, nous
60 le garderions dans la chambre. Un mouton nous
conviendrait mieux qu'une vache. »

« Veux-tu troquer avec moi ? »

L'autre ne se le fit pas dire deux fois. Il s'empressa
d'emmener la vache, et le vieux paysan continua son
65 chemin avec le mouton. Il aperçut un homme débouchant
d'un sentier, qui portait sous le bras une oie grasse.

« Tu as là une belle bête, dit le vieux, quelle graisse !
et quel plumage ! Si nous l'avions chez nous, je gage
que ma bonne vieille lui donnerait tous les restes. Elle
70 m'a dit bien souvent : "Ah ! si nous avions une oie,
cela ferait joliment bien parmi nos canards !" Voici qu'il
y a peut-être moyen d'en avoir une. Veux-tu changer
avec moi ? prendre mon mouton et me donner ton
oie ? Je te dirai merci par-dessus le marché. »

75 L'autre le voulait bien, et le vieux paysan prit l'oie.
Il était alors tout près de la ville. La foule augmentait ;
hommes et animaux se pressaient sur la route ; il y en
avait jusque dans les fossés.

Le percepteur de l'octroi[1] avait une poule ; voyant
80 tant de monde, il l'attacha par une ficelle pour éviter
qu'elle ne prenne peur et s'échappe. C'était une belle
poule, avec une queue courte ; elle clignait de l'œil en
faisant : « Glouk, glouk. » Que voulait-elle dire ? je n'en
sais rien ; mais le paysan, dès qu'il l'aperçut, pensa :
85 « C'est bien la plus belle poule que j'aie jamais vue ;
elle est plus belle même que la couveuse du curé. Je
voudrais bien l'avoir. Une poule se nourrit elle-même
des graines qu'elle ramasse. Je crois que si je pouvais
changer cette oie pour elle, je ferais une bonne affaire. »
90 « Si nous troquions ? dit-il au percepteur.

— Troquer ! répondit celui-ci ; mais cela me va tout
à fait ! »

Le percepteur prit l'oie, le vieux paysan emporta la
poule. Il avait fait tant de besogne pendant le chemin
95 qu'il était échauffé et fatigué. Il lui fallait une goutte
et une croûte. Il voulut entrer à l'auberge. Le garçon
en sortait justement, portant un sac plein.

« Qu'est-ce que tu portes là ? lui demanda le paysan.

— Un sac de pommes blettes[2] que je vais donner
100 aux cochons.

— Tout un sac ! c'est ma femme qui serait contente !
L'an dernier, notre vieux pommier près de l'écurie n'a
donné qu'une seule pomme : on l'a mise sur le haut
de l'armoire et elle y est restée jusqu'à ce qu'elle soit

---

1. *Percepteur de l'octroi* : personne qui est chargée de percevoir des
taxes sur les marchandises vendues ou échangées au marché du
village.
2. *Blettes* : trop mûres.

105 pourrie. "Cela prouve toujours qu'on est à son aise",
disait ma femme. Que dirait-elle si elle en avait un
plein sac ? Je voudrais bien lui montrer ça.

— Eh bien ! que donneriez-vous pour ce sac ? dit le
garçon.

110 — Ce que je donnerais ! mais cette poule donc ! »
Ils troquèrent à l'instant et le paysan entra dans la
salle de l'auberge avec son sac qu'il déposa contre le
poêle. Puis il alla au comptoir. Le poêle était allumé,
le bonhomme n'y prit pas garde.

115 Il y avait là beaucoup de monde, des maquignons[1],
des bouviers[2] et aussi deux Anglais. Ces gens-là sont si
riches que leurs poches sont bourrées de pièces d'or.
Et ils aiment parier ! vous allez voir ça.

« Ssss... » Qu'est-ce qu'on entend près du poêle ? Les
120 pommes qui commencent à cuire.

« Qu'y a-t-il ? demanda un des Anglais.

— Ah ! mes pommes ! » dit le paysan, et il raconta
l'histoire du cheval qu'il avait échangé contre une vache,
et ainsi de suite jusqu'aux pommes.

125 — Eh bien, tu vas être bien reçu ! dirent les Anglais.
Ta femme va te donner du bâton !

— Du bâton ? dit le paysan. Elle m'embrassera tout
de bon et elle dira : "Ce que fait le vieux est bien
fait."

— Parions-nous que non ? dirent les Anglais. Tout
130 l'or que tu veux, cent livres[3] !

---

1. *Maquignons* : marchands de bétail.
2. *Bouviers* : personnes qui conduisent les bœufs.
3. *Livres* : unités de poids équivalant à environ 500 grammes et unités
monétaires anglaises.

— Un boisseau[1] est assez, répondit le paysan. Je ne puis promettre que mon boisseau de pommes, et moi et ma vieille par-dessus le marché. Je pense que c'est bonne mesure.

135 — Allons, tope, accepté ! » Et le pari fut fait.

On fit avancer la voiture de l'aubergiste. Les Anglais y montèrent et le paysan y monta avec les pommes blettes. Et bientôt ils s'arrêtèrent devant sa maison.

140 « Bonsoir, la mère.

— Bonsoir le père.

— L'échange est fait.

— Ah ! tu t'entends aux affaires, dit la bonne femme, et elle l'embrassa sans faire attention au sac, non plus 145 qu'aux étrangers.

— J'ai troqué le cheval contre une vache, reprit le paysan.

— Dieu soit loué ! Le bon lait que nous allons avoir, et le beurre et le fromage ! C'est un fameux échange.

150 — Oui, mais j'ai ensuite changé la vache contre une brebis.

— Cela vaut mieux, en effet. Nous avons assez d'herbe pour nourrir une brebis, et elle nous donnera 155 du lait et du fromage, et des bas de laine et des chemises. Nous n'aurions pas eu cela avec une vache. Comme tu réfléchis à tout !

— Ce n'est pas fini, ma bonne ; ce mouton, je l'ai échangé contre une oie.

---

1. *Boisseau* : mesure de capacité qui équivaut à environ 12,5 litres.

160 — Nous aurons donc cette année à Noël une belle oie rôtie ! Tu songes toujours, mon cher vieux, à ce qui peut me faire plaisir. À la bonne heure ! D'ici à Noël, nous aurons le temps de la bien engraisser.

— J'ai changé l'oie contre une poule.

165 — Une poule a son prix, dit la femme. Une poule pond des œufs, elle les couve, il en sort des poussins qui grandissent... J'ai toujours rêvé d'avoir une basse-cour.

— Oui, mais j'ai échangé la poule contre un sac de pommes blettes !

170 — Quoi ! C'est maintenant que je vais t'embrasser, cher homme ! Écoute ce qui m'est arrivé. À peine étais-tu parti ce matin que je me suis mise à penser quel bon dîner je pourrais te faire : des œufs au lard avec de la ciboulette. Les œufs, je les avais, le lard aussi,
175 mais point de ciboulette. Je vais alors chez le maître d'école, qui en a, et je demande à sa femme ; tu sais comme elle est avare, avec ses airs ! Je la prie de m'en prêter. "Prêter ! dit-elle ; mais nous n'avons rien dans notre jardin, pas même une pomme blette." Ça, je ne
180 pouvais pas lui en prêter. Demain j'irai, moi, lui prêter des pommes blettes. Tout un sac, si elle veut. La bonne riposte ! »

Et elle embrassa le vieux de tout son cœur.

« Voilà qui est admirable, dirent les Anglais. Tout va
185 de moins en moins bien, et elle garde sa bonne humeur ! Ma foi, cela vaut la forte somme ! »

Ils donnèrent un boisseau d'or au paysan qui avait eu un baiser au lieu de bâton.

Et elle embrassa le vieux de tout son cœur.
Gravure de Hans Tegner.

190 Ainsi tout s'arrange quand la femme a confiance dans la sagesse de son mari et trouve bien tout ce qu'il fait.

Voilà l'histoire que j'ai entendu raconter quand j'étais enfant. Maintenant, vous le savez aussi : « Ce que fait le vieux est bien fait. »

Traduction de D. Soldi, E. Grégoire et L. Moland.

Ce que fait le vieux est bien fait

EXPRESSION ET COMPRÉHENSION

1. Quel est le sens du mot « vieux » dans ce conte ? À quel registre de langue (voir p. 205) appartient-il ? Par quel synonyme pouvez-vous le remplacer ?

2. Expliquez les expressions et mots suivants : « toit de chaume » (l. 7), « faîte » (l. 9), « à l'attache » (l. 14), « rustiques » (l. 15), « le vieux s'y entendait » (l. 34), « je gage que ma bonne vieille... » (l. 68), « tu vas être bien reçu ! » (l. 125).

3. Donnez des homonymes (voir p. 204) du mot « faîte » et employez-les dans une courte phrase qui mettra leur sens en valeur.

4. Relevez les mots appartenant au champ lexical (voir p. 202) du commerce et du troc.

5. Qui parle au début et à la fin du conte ? À qui s'adresse-t-il à la ligne 6 : « Vous connaissez la campagne ? »

L'ACTION ET LES PERSONNAGES

6. Faites la liste de tous les personnages qui apparaissent dans ce conte et précisez tout ce que vous apprenez à leur sujet.

7. Quelle est la situation des paysans au début du conte ? Que possèdent-ils ? Quelle décision prennent-ils ? Pourquoi ?

8. Quelle est l'attitude de la paysanne vis-à-vis de son mari au début du récit ? à la fin ?

9. Faites la liste des différents échanges réalisés par le paysan. Comment peuvent-ils être appréciés du point de vue du paysan, de ceux qui font ces échanges avec lui, et de la paysanne ? Et vous, quel est votre avis ?

10. Commentez l'épisode des Anglais en répondant aux questions suivantes : où sont-ils ? que font-ils ? quels sont leurs principaux traits de caractère ? quel est leur rôle dans l'histoire ?

11. Racontez la fin de l'histoire à votre manière. Vous attendiez-vous à une fin de ce genre ? Justifiez votre réponse.

À VOUS !

12. Que pensez-vous des paysans qui font des échanges avec « le vieux » ? Essayez de définir quelles peuvent être leurs qualités et leurs défauts en brossant un portrait rapide de chacun d'eux.

13. Faites le portrait de la paysanne en une dizaine de lignes et en deux paragraphes décrivant ses qualités et ses défauts.

14. Auriez-vous réagi de la même manière que la paysanne ? Justifiez votre réponse.

15. Que pensez-vous du paysan ? A-t-il des qualités ? des défauts ? Lesquels ? Pourriez-vous être ami avec quelqu'un qui aurait le même comportement ?

16. Que pensez-vous des interventions du narrateur (voir p. 204) au début et à la fin du texte ? Qu'apportent-elles au conte ?

L'Intrépide Soldat[1] de plomb

Il y avait une fois vingt-cinq soldats de plomb, tous frères, car ils étaient nés d'une vieille cuiller de plomb. L'arme au bras, l'œil fixe, l'uniforme rouge et bleu, quelle fière mine ils avaient tous ! La première chose
5 qu'ils entendirent en ce monde, quand fut enlevé le couvercle de la boîte qui les renfermait, ce fut ce cri : « Des soldats de plomb ! » que poussait un petit garçon en battant des mains. On les lui avait donnés en cadeau pour sa fête, et il s'amusait à les ranger sur la table.
10 Tous les soldats se ressemblaient parfaitement, à l'exception d'un seul, qui n'avait qu'une jambe : on l'avait jeté dans le moule le dernier, et il ne restait pas assez de plomb. Cependant il se tenait aussi ferme sur cette jambe que les autres sur deux, et c'est lui
15 précisément qu'il nous importe de connaître.

Sur la table où étaient rangés nos soldats, il se trouvait beaucoup d'autres joujoux ; mais ce qu'il y avait de plus curieux, c'était un charmant château de papier. À travers les petites fenêtres, on pouvait voir
20 jusque dans les salons. Au-dehors se dressaient de petits arbres autour d'un petit miroir imitant un petit lac ;

---

1. *Intrépide* : audacieux, qui ne craint pas de prendre des risques.

Illustration de Levine Helmer,
datant des années 1900-1920,
pour une édition anglaise des contes d'Andersen.

des cygnes en cire y nageaient et s'y reflétaient. Tout
cela était bien gentil ; mais ce qu'il y avait de bien plus
gentil encore, c'était une petite demoiselle debout à la
25 porte ouverte du château. Elle aussi était de papier ;
mais elle portait un jupon de linon[1] transparent et très
léger, et au-dessus de l'épaule, en guise d'écharpe, un
petit ruban bleu, étroit, au milieu duquel étincelait une
paillette aussi grande que sa figure. La petite demoiselle
30 tenait ses deux bras étendus, car c'était une danseuse,
et elle levait une jambe si haut dans l'air, que le petit
soldat de plomb ne put la découvrir, et s'imagina que
la demoiselle n'avait, comme lui, qu'une jambe.

« Voilà une femme qui me conviendrait, pensa-t-il,
35 mais elle est trop grande dame. Elle habite un château,
moi une boîte, en compagnie de vingt-quatre camarades,
et je n'y trouverais pas même une place pour elle.
Cependant il faut que je fasse sa connaissance. »

Et, ce disant, il s'étendit derrière une tabatière. Là il
40 pouvait à son aise regarder l'élégante petite dame, qui
toujours se tenait sur une jambe, sans perdre l'équilibre.

Le soir, tous les autres soldats furent remis dans leur
boîte, et les gens de la maison allèrent se coucher.
Aussitôt les joujoux commencèrent à s'amuser tout
45 seuls : d'abord ils jouèrent à colin-maillard, puis ils se
firent la guerre, enfin ils donnèrent un bal. Les soldats
de plomb s'agitaient dans leur boîte, car ils auraient
bien voulu en être ; mais comment soulever le couvercle ?

---

1. *Linon* : tissu très fin et transparent.

Illustration de Hans Tegner.

Le casse-noisettes fit des culbutes, et le crayon traça
50 mille folies sur son ardoise. Le bruit devint si fort, que
le serin se réveilla et se mit à chanter. Les seuls qui ne
bougeassent pas étaient le soldat de plomb et la petite
danseuse. Elle se tenait toujours sur la pointe du pied,
les bras étendus ; lui intrépidement sur son unique
55 jambe, et sans cesser de l'épier.

Minuit sonna, et crac ! voilà le couvercle de la
tabatière qui saute ; mais, au lieu de tabac, il y avait
un petit sorcier noir. C'était un jouet à surprise.

« Soldat de plomb, dit le sorcier, tâche de porter
60 ailleurs tes regards ! »

Mais le soldat fit semblant de ne pas entendre.

« Attends jusqu'à demain, et tu verras ! » reprit le
sorcier.

Le lendemain, lorsque les enfants furent levés, ils
65 placèrent le soldat de plomb sur la fenêtre ; mais tout
à coup, enlevé par le sorcier ou par le vent, il s'envola
du troisième étage, et tomba la tête la première sur le
pavé. Quelle terrible chute ! Il se trouva la jambe en

146

l'air, tout son corps portant sur son shako[1], et la
70 baïonnette[2] enfoncée entre deux pavés.

La servante et le petit garçon descendirent pour le
chercher, mais ils faillirent l'écraser sans le voir. Si le
soldat eût crié : « Prenez garde ! » ils l'auraient bien
trouvé ; mais il jugea que ce serait déshonorer l'uniforme.
75 La pluie commença à tomber, les gouttes se suivirent
bientôt sans intervalle ; ce fut alors un vrai déluge[3].
Après l'orage, deux gamins vinrent à passer :

« Ohé ! dit l'un, par ici ! Voilà un soldat de plomb,
faisons-le naviguer. »
80 Ils construisirent un bateau avec un vieux journal,
mirent dedans le soldat de plomb, et lui firent descendre
le ruisseau. Les deux gamins couraient à côté et battaient
des mains. Quels flots, grand Dieu ! dans ce ruisseau !
que le courant y était fort ! Mais aussi il avait plu à
85 verse. Le bateau de papier était étrangement ballotté ;
mais, malgré tout ce fracas, le soldat de plomb restait
impassible, le regard fixe et l'arme au bras.

Tout à coup le bateau fut poussé dans un petit canal
où il faisait aussi noir que dans la boîte aux soldats.
90 « Où vais-je maintenant ? pensa-t-il. Oui, oui, c'est le
sorcier qui me fait tout ce mal. Cependant, si la petite
demoiselle était dans le bateau avec moi, l'obscurité
fût-elle deux fois plus profonde, cela ne me ferait
rien. »

---

1. *Shako* : chapeau militaire à visière.
2. *Baïonnette* : sorte de petite épée pouvant se fixer au bout du fusil.
3. *Déluge* : pluie torrentielle.

147

95   Bientôt un gros rat d'eau se présenta ; c'était un habitant du canal :

« Voyons ton passeport, ton passeport ! »

Mais le soldat de plomb garda le silence et serra son fusil. La barque continua sa route, et le rat la poursuivit.
100 Ouf ! il grinçait des dents, et criait aux pailles et aux petits bâtons : « Arrêtez-le, arrêtez-le ! il n'a pas payé son droit de passage, il n'a pas montré son passeport. »

Mais le courant devenait plus fort, toujours plus fort, déjà le soldat apercevait le jour, mais il entendait en
105 même temps un murmure capable d'effrayer l'homme le plus intrépide. Il y avait au bout du canal une chute d'eau, aussi dangereuse pour lui que l'est pour nous une cataracte[1]. Il en était déjà si près qu'il ne pouvait plus s'arrêter. La barque s'y lança : le pauvre soldat se
110 tenait aussi roide[2] que possible, et personne n'eût osé dire qu'il clignait seulement des yeux. La barque, après avoir tourné plusieurs fois sur elle-même, s'était remplie d'eau ; elle allait s'engloutir. L'eau montait jusqu'au cou du soldat, la barque s'enfonçait de plus en plus. Le
115 papier se déplia, et l'eau se referma tout à coup sur la tête de notre homme. Alors il pensa à la gentille petite danseuse qu'il ne reverrait jamais, et crut entendre une voix qui chantait.

      Soldat, le péril est grand ;
120   *Voici la mort qui t'attend !*

---

1. *Cataracte* : importante chute d'eau.
2. *Roide* : raide (forme ancienne).

Le papier se déchira, et le soldat passa au travers.
Au même instant il fut dévoré par un grand poisson.

C'est alors qu'il faisait noir pour le malheureux !
C'était pis encore que dans le canal. Et puis comme il
125 y était serré ! Mais toujours intrépide, le soldat de
plomb s'étendit de tout son long, l'arme au bras.

Le poisson s'agitait en tous sens et faisait d'affreux
mouvements ; enfin il s'arrêta, et un éclair parut le
transpercer. Le jour se laissa voir, et quelqu'un s'écria :
130 « Un soldat de plomb ! » Le poisson avait été pris,
exposé au marché, vendu, porté dans la cuisine, et la
cuisinière l'avait ouvert avec un grand couteau. Elle prit
avec deux doigts le soldat de plomb par le milieu du
corps, et l'apporta dans la chambre, où tout le monde
135 voulut contempler cet homme remarquable qui avait
voyagé dans le ventre d'un poisson. Cependant le soldat
n'en était pas fier. On le plaça sur la table, et là —
comme il arrive parfois des choses bizarres dans le
monde ! — il se trouva dans la même chambre d'où
140 il était tombé par la fenêtre. Il reconnut les enfants et
les jouets qui étaient sur la table, le charmant château
avec la gentille petite danseuse ; elle tenait toujours une
jambe en l'air, elle aussi était intrépide. Le soldat de
plomb fut tellement touché qu'il aurait voulu pleurer
145 du plomb, mais cela n'était pas convenable. Il la regarda,
elle le regarda aussi, mais ils ne se dirent pas un mot.

Tout à coup un petit garçon le prit, et le jeta au feu
sans la moindre raison ; c'était sans doute le sorcier de
la tabatière qui en était la cause.
150 Le soldat de plomb était là debout, éclairé d'une vive
lumière, éprouvant une chaleur horrible. Toutes ses
couleurs avaient disparu ; personne ne pouvait dire si

c'étaient les suites du voyage ou le chagrin. Il regardait
toujours la petite demoiselle, et elle aussi le regardait.
155 Il se sentait fondre ; mais, toujours intrépide, il tenait
l'arme au bras. Soudain s'ouvrit une porte, le vent
enleva la danseuse, et, pareille à une sylphide[1], elle vola
sur le feu près du soldat, et disparut en flammes. Le
soldat de plomb était devenu une petite masse.

160 Le lendemain, lorsque la servante vint enlever les
cendres, elle la trouva qui avait la forme d'un petit
cœur de plomb ; tout ce qui était resté de la danseuse,
c'était la paillette, que le feu avait rendue toute noire.

Traduction de D. Soldi, E. Grégoire et L. Moland.

---

1. *Sylphide :* personnage merveilleux et légendaire qui vit dans l'air.

L'Intrépide Soldat de plomb

EXPRESSION ET COMPRÉHENSION

1. En vous aidant d'un dictionnaire, expliquez les expressions et mots suivants : « tout cela était bien gentil » (l. 23), « elle est trop grande dame » (l. 35), « ils auraient bien voulu en être » (l. 47), « impassible » (l. 87).

2. Le petit soldat mérite-t-il d'être appelé « l'**intrépide** soldat de plomb » dans le titre du conte ? Pourquoi ?

L'ACTION ET LES PERSONNAGES

3. Dans ce conte, vous pouvez distinguer cinq parties correspondant à cinq étapes de la vie du petit soldat. Repérez-les dans le texte et donnez un titre à chacune d'elles. Résumez ces différentes parties et précisez le lieu dans lequel elles se déroulent ; que remarquez-vous ?

4. Quels sont les sentiments du soldat pour la danseuse ? Pourquoi s'intéresse-t-il précisément à elle ?

5. Le texte précise-t-il quels sont les sentiments de la danseuse pour le soldat ? Essayez de les imaginer.

6. Quel est le rôle joué par le petit sorcier noir ? Quels sont ses sentiments pour la danseuse ? pour le soldat ?

7. Qui sont les différents personnages rencontrés par le soldat de plomb ? Montrez comment chacun d'eux représente un danger et un obstacle à son bonheur.

8. Quelle est l'attitude du petit soldat tout au long du conte ? Faites le portrait de ce personnage.

À VOUS !

9. Que pensez-vous de la « fin » du petit soldat de plomb et de celle de la danseuse ?

10. Le soldat de plomb, héros de ce conte, est différent de ses vingt-quatre frères. Citez deux contes de ce recueil dans lesquels vous avez déjà lu les aventures d'êtres différents de leurs frères et sœurs. Que pouvez-vous en déduire ?

11. Résumez ce conte en quelques lignes.

La Danseuse, papier découpé d'Andersen.

« Danse, danse, ma poupée ! »

« ÇA, C'EST une chanson pour de tout petits enfants ! affirmait tante Malle ; avec la meilleure volonté, je ne peux pas comprendre ce "Danse, danse, ma poupée" ! »

Mais la petite Amalie le pouvait ; elle n'avait que
5 trois ans, jouait avec des poupées et les élevait de façon à les rendre aussi intelligentes que tante Malle.

Un étudiant vint à la maison ; il donnait des leçons à ses frères ; il parlait beaucoup à la petite Amalie et à ses poupées, parlait autrement que tous les autres ;
10 c'était amusant, disait la petite Amalie, et pourtant tante Malle disait qu'il ne savait pas du tout prendre lesenfants, dont les petites têtes ne pouvaient sûrement pas supporter son bavardage. La petite Amalie le pouvait, elle apprit même par cœur toute la chanson que lui avait dite
15 l'étudiant : « Danse, danse, ma poupée ! » et elle la chantait à ses trois poupées ; deux de ces poupéesétaient neuves, l'une, une demoiselle, l'autre, un homme, et la troisième était ancienne et s'appelait Lise ; elle aussi écouta la chanson.

20   *Danse, danse, ma poupée !*
      Oh ! la demoiselle est belle !
      Et aussi le cavalier.
      Il a mis gants et chapeau,
      Veste bleue, pantalon blanc ;
25   *a un cor à son orteil.*

153

Il est beau et elle est belle.
Danse, danse, ma poupée !

Et voici la vieille Lise,
La poupée de l'an dernier !
30   *Les cheveux de lin sont neufs,*
Le front est lavé au beurre ;
Elle est toute rajeunie.
Vieille amie, arrive un peu !
Vous allez danser tous trois.
35   *Voir cela en vaut la peine.*

Danse, danse, ma poupée !
Fais-moi bien tes pas de danse !
Tiens-toi droite, pieds dehors,
Tu seras gentille et svelte !
40   *Saluer, tourner en rond,*
Il n'est rien qui soit plus sain,
Et c'est très joli à voir.
Vous êtes charmants tous trois !

Et les poupées comprenaient la chanson, la petite
45 Amalie la comprenait, l'étudiant la comprenait ; il l'avait
lui-même composée, et il disait qu'elle était superbe ;
seule, tante Malle ne la comprenait pas ; elle avait
franchi les barrières de l'enfance, les « niaiseries ! »
disait-elle ; mais la petite Amalie ne les a pas franchies,
50 elle chante la chanson.

C'est d'elle que nous la tenons.

Documentation thématique

Vivre au Danemark
à l'époque d'Andersen

Contrairement à ce qu'on pourrait imaginer en regardant une carte d'Europe, le Danemark n'est pas un pays très froid, perpétuellement enneigé et brumeux. La mer, très présente, vient tempérer le climat ; l'hiver ne dure que trois ou quatre mois et, le plus souvent, le soleil brille. Au mois de juin, le jour dure de 20 à 22 heures.

Ce pays très plat (sa plus haute « montagne » atteint tout juste 173 mètres !) est cependant composé de collines et de vallées. Mais la principale caractéristique du Danemark est d'être entièrement maritime. La côte est très découpée et de petits bras de mer, par milliers, pénètrent à l'intérieur des terres. Andersen a habité l'une des cinq cents îles danoises, la Fionie, avant de s'installer dans la capitale, Copenhague (voir p. 17).

L'enfance à Odense

Odense, où naquit Andersen, est la principale ville de Fionie, qu'on surnomme « le jardin du Danemark ». C'est en effet l'une des plus jolies et des plus riches régions du pays, avec ses forêts de hêtres et de sapins qui surplombent très légèrement la mer, ses haies d'aubépines et ses vieux villages aux maisons recouvertes de chaume et entourées de jardins. La Fionie est parsemée de châteaux, de grandes fermes et de parcs.

Une rue d'Odense aujourd'hui
où Andersen ne serait pas dépaysé.

Bâtie sur l'emplacement d'un ancien camp militaire viking, Odense est l'une des plus anciennes villes du Danemark et, à l'époque, la deuxième en importance après Copenhague. Les habitants s'y répartissent inégalement entre le quartier riche et le quartier pauvre.

Dans le premier se trouvent de confortables demeures, l'hôtel de ville qui date du Moyen Âge, le château royal, résidence du prince Christian Frederik (qui deviendra roi sous le nom de Christian VIII). C'est également là que se situe le théâtre ; des troupes qui parcourent le pays viennent régulièrement y jouer des pièces. Andersen livrera des billets à domicile pour pouvoir assister aux représentations d'opéras-comiques et de vaudevilles (comédies gaies et légères). Peu d'habitants d'Odense vivent dans ces beaux quartiers : il s'agit de nobles, de hauts fonctionnaires et de riches commerçants.

Dans le quartier populaire s'entassent les artisans et tous ceux qui exercent des métiers peu rémunérateurs, comme les parents d'Andersen (voir p. 4). Pourtant, Andersen a donné plus tard, dans *la Reine des neiges* (1844), une vision poétique des lieux de son enfance :

« Au cœur de la ville — où les maisons sont si nombreuses que, faute de place, personne ne peut avoir un petit jardin et que bien des gens doivent se contenter de pots de fleurs — vivaient deux pauvres enfants qui avaient un jardin un peu plus grand qu'un pot de fleurs. »

En réalité, les bas quartiers d'Odense ne manquent pas uniquement de jardins... Ils sont sales, insalubres, tristes. De sa maison, le petit Hans Christian peut voir la prison, Odens Tugthus, bâtiment effrayant, et l'hôpital, qui est aussi un asile d'aliénés. Sa grand-mère est aide-jardinière dans la partie réservée aux vieillards. Souvent elle emmène son petit-fils avec elle. C'est là qu'il commence à s'intéresser aux fleurs, et, toute sa vie, il aimera réaliser des compositions florales remarquables. C'est là aussi qu'il entend raconter des contes et des légendes du folklore danois, comme *le Briquet* ou *Grand Claus et Petit Claus,* qu'il adaptera dans ses premiers recueils de contes, ou encore *Jean Balourd* (voir p. 61).

Bien que pauvre, Andersen, comme tous les petits Danois, va à l'école. Les observateurs de l'époque insistent sur le développement de l'instruction dans ce pays. Voici ce qu'écrit Pierre Larousse en 1870, avec un optimisme peut-être un peu exagéré :

« Il n'est pas de contrée où l'instruction soit aussi répandue que dans ce petit royaume. Tout le monde, on peut le dire, sait lire, écrire et compter. L'instruction y est gratuite et obligatoire, et la loi inflige une peine au père de famille qui néglige d'envoyer ses enfants à l'école. Il n'y a pas, au Danemark, de village, quelque petit qu'il soit, où l'on ne trouve d'écoles primaires pour les garçons et pour les filles » *(Grand Dictionnaire du XIXe siècle).*

Pourtant, Andersen rêve d'autres horizons et se sent très attiré par l'effervescence de Copenhague où il veut mener une carrière d'artiste.

Découvrir Copenhague...

Dès l'âge de quatorze ans, Andersen décide de quitter sa ville natale. Il se rend en diligence à Copenhague et ne reviendra jamais vivre à Odense.

Vue de ma fenêtre, à Nyhavn. Dessin D'Andersen.

Le « *port des marchands* »

Un bombardement anglais (1807) avait fortement endommagé Copenhague. Andersen découvre en 1819 une ville reconstruite et très active. Cette vitalité est due, notamment, au commerce maritime, principale activité de la cité. Le nom danois de Copenhague, København, signifie d'ailleurs « port de marchands ». Un port intérieur (Nyhavn, où Andersen habita) est reconstruit dans la ville elle-même. De grands navires viennent y accoster ; de là, tout un réseau de petits canaux va irriguer les différents quartiers.

L'entrée du port est défendue par le fort des Trois-Couronnes et toute la ville est entourée de remparts sur lesquels les habitants viennent se promener. Chaque soir, les quatre portes de ces remparts sont fermées et les clefs sont remises au roi.

Copenhague se divise en trois grandes parties :
— La vieille ville, à l'ouest, dont les rues sont étroites et tortueuses ;
— La nouvelle ville, appelée aussi Frederikstad, à l'est, qui est la partie la plus belle ;
— Christianhavn, enfin, séparée du reste de la ville par un petit canal, et où l'on trouve une multitude de jardins et de potagers.

Mais, dès le milieu du XIXe siècle, Copenhague s'étend au-delà de ses enceintes, absorbant les anciens villages qui l'entouraient.

Les maisons, faites de briques de couleurs et de formes différentes, sont généralement grandes et de belles proportions. La famille royale habite à Christian-borg, l'un des quatre châteaux de Copenhague. Avec son université et ses riches bibliothèques, la ville est aussi la capitale culturelle du Danemark.

« L'Athènes du Nord »

À l'époque d'Andersen, Copenhague est appelée l'« Athènes du Nord », à cause de la richesse de sa vie intellectuelle et artistique.

Dès le début du XIXe siècle, les écrivains donnent un nouveau souffle à la littérature danoise en s'inspirant des légendes et de la tradition scandinaves.

Vers 1850, les musiciens renouent, eux aussi, avec le folklore typiquement danois. Touché par ce nationalisme culturel, Andersen écrit également des chants patriotiques pendant la guerre qui oppose son pays à la Prusse (1848-1852).

Les quatre théâtres de Copenhague sont très fréquentés. On y présente toutes sortes de pièces (tragédies, comédies, vaudevilles, etc.) et des ballets typiquement danois, empruntant leurs sujets à la mythologie nordique. Les habitants de Copenhague vont aussi régulièrement à des concerts pour écouter de la musique symphonique ou des chants populaires. L'un des plus grands établissements de spectacle, le Tivoli, accueillait parfois jusqu'à quinze ou vingt mille personnes !

Pas étonnant que Hans Christian Andersen ait tant voulu découvrir Copenhague, lui que sa mère destinait à n'être qu'un petit apprenti à Odense, alors qu'il rêvait de devenir artiste...

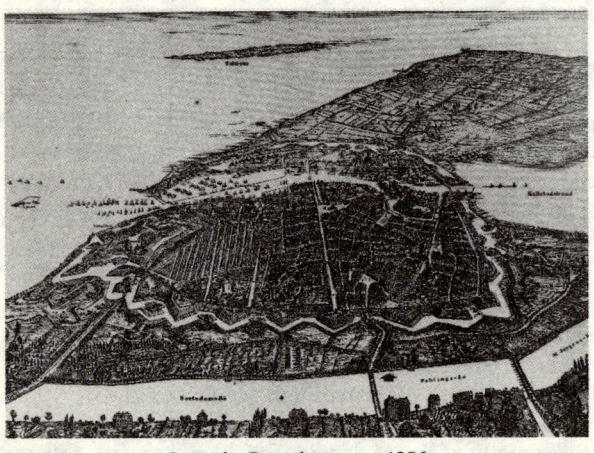

Carte de Copenhague en 1856.
Musée de la ville de Copenhague.

D'autres héros
à la découverte du monde

Partir à la découverte du monde, tel est le projet de nombreux héros d'Andersen, qu'ils partent de leur plein gré ou qu'ils soient poussés par la force des choses, pour fuir une réalité hostile.

D'autres écrivains ont traité ce thème avant Andersen et bien après lui. Voici quatre extraits d'œuvres contemporaines dont les héros sont des enfants qui rêvent de découvertes, d'autres univers et d'inconnu. À la différence des héros d'Andersen, tous partent de leur plein gré et généralement dans l'enthousiasme... Mais, ailleurs, est-ce toujours plus beau ? Qu'importe, comme l'écrit le poète Charles Baudelaire (XIXe siècle) au début d'un long poème intitulé *le Voyage* :

« Pour l'enfant amoureux de cartes et d'estampes, L'univers est égal à son vaste appétit. »

Découvrir la terre

Le petit prince est le héros d'un livre qui porte son nom et qui fut publié en 1943 par Antoine de Saint-Exupéry (1900-1944). Venu d'une étrange planète, à peine plus grande qu'une maison, le petit prince, amoureux d'une rose, découvre la Terre.

Le petit prince, une fois sur terre, fut donc bien surpris de ne voir personne. Il avait déjà peur de s'être trompé de planète, quand un anneau couleur de lune remua dans le sable.

— Bonne nuit, fit le petit prince à tout hasard.

— Bonne nuit, fit le serpent.

— Sur quelle planète suis-je tombé ? demanda le petit prince.

— Sur la Terre, en Afrique, répondit le serpent.

— Ah !... Il n'y a donc personne sur la Terre ?

— Ici c'est le désert. Il n'y a personne dans les déserts. La Terre est grande, dit le serpent.

Le petit prince s'assit sur une pierre et leva les yeux vers le ciel :

— Je me demande, dit-il, si les étoiles sont éclairées afin que chacun puisse un jour retrouver la sienne. Regarde ma planète. Elle est juste au-dessus de nous... Mais comme elle est loin !

— Elle est belle, dit le serpent. Que viens-tu faire ici ?

— J'ai des difficultés avec une fleur, dit le petit prince.

— Ah ! fit le serpent.

Et ils se turent.

— Où sont les hommes ? reprit enfin le petit prince. On est un peu seul dans le désert...

— On est seul aussi chez les hommes, dit le serpent.

Le petit prince le regarda longtemps :

— Tu es une drôle de bête, lui dit-il enfin, mince comme un doigt...

— Mais je suis plus puissant que le doigt d'un roi, dit le serpent.

Le petit prince eut un sourire :

— Tu n'es pas bien puissant... tu n'as même pas de pattes... tu ne peux même pas voyager.

— Je puis t'emporter plus loin qu'un navire, dit le serpent.

Il s'enroula autour de la cheville du petit prince, comme un bracelet d'or :

— Celui que je touche, je le rends à la terre dont il est sorti, dit-il encore. Mais tu es pur et tu viens d'une étoile...

Antoine de Saint-Exupéry, *le Petit Prince*, Gallimard, 1943.

La tentation du printemps

Pascalet est le héros de *l'Enfant et la rivière,* un roman d'Henri Bosco (1888-1976). Au cœur de la Provence, Pascalet mène une existence paisible, dans une petite ferme, au milieu des champs. Ses parents s'absentent pour quelques jours, et le voici seul avec sa grand-tante Martine, désœuvré mais libre...

Un beau matin d'avril la tentation vint me trouver à l'improviste. Elle sut me parler. C'était une tentation de printemps, une des plus douces qui soient, je pense, pour qui est sensible au ciel pur, aux feuilles tendres et aux fleurs fraîchement écloses.

C'est pourquoi j'y cédai.

Je partis à travers les champs. Ah ! le cœur me battait ! Le printemps rayonnait dans toute sa splendeur. Et quand je poussai le portail donnant sur la prairie, mille parfums d'herbes, d'arbres, d'écorce fraîche me sautèrent au visage. Je courus sans me retourner jusqu'à un boqueteau. Des abeilles y dansaient. Tout l'air, où flottaient les pollens, vibrait du frémissement de leurs ailes. Plus loin un verger d'amandiers n'était qu'une neige de fleurs où roucoulaient les premières palombes de l'année nouvelle. J'étais enivré.

Les petits chemins m'attiraient sournoisement. « Viens ! que t'importent quelques pas de plus ? Le premier tournant n'est pas loin. Tu t'arrêteras devant l'aubépine. » Ces appels me faisaient perdre la tête. Une fois lancé sur ces sentes qui serpentent entre deux haies chargées d'oiseaux et de baies bleues, pouvais-je m'arrêter ?

Plus j'allais et plus j'étais pris par la puissance du chemin. À mesure que j'avançais, il devenait sauvage.

Les cultures disparaissaient, le terrain se faisait plus gras, et çà et là poussaient de longues herbes grises ou de petits saules. L'air, par bouffées, sentait la vase humide.

Tout à coup devant moi se leva une digue. C'était un haut remblai de terre couronné de peupliers. Je le gravis et je découvris la rivière.

Elle était large et coulait vers l'ouest. Gonflées par la fonte des neiges, ses eaux puissantes descendaient en entraînant des arbres. Elles étaient lourdes et grises et parfois sans raison de grands tourbillons s'y formaient qui engloutissaient une épave, arrachée en amont. Quand elles rencontraient un obstacle à leur course, elles grondaient. Sur cinq cents mètres de largeur, leur masse énorme, d'un seul bloc, s'avançait vers la rive. Au milieu, un courant plus sauvage glissait, visible à une crête sombre qui tranchait le limon des eaux. Et il me parut si terrible que je frissonnai.

Henri Bosco, *l'Enfant et la rivière*, Gallimard, 1956.

Un rêve réalisé

Dans *Celui qui n'avait jamais vu la mer*, J.-M. G. Le Clézio, (né en 1940) raconte l'histoire de Daniel, un lycéen silencieux qui n'a qu'une passion : la mer, qu'un désir : aller au bord de la mer. Un jour de septembre, il monte à bord d'un train de marchandises...

Maintenant, il était libre, et il avait froid. Ses jambes lui faisaient mal, après toutes ces heures passées dans le wagon. Il faisait nuit, il pleuvait. Daniel marchait le plus vite qu'il pouvait pour s'éloigner de la ville. Il ne savait pas où il allait. Il marchait droit devant lui, entre les murs des hangars, sur la route qui brillait à la lumière jaune des réverbères. Il n'y avait personne ici, et pas de noms écrits sur les murs. Mais la mer n'était pas loin. Daniel la devinait quelque part sur la droite, cachée par les grandes bâtisses de ciment, de l'autre côté des murs. Elle était dans la nuit.

Au bout d'un moment, Daniel se sentit fatigué de marcher. Il était arrivé dans la campagne, maintenant, et la ville brillait loin derrière lui. La nuit était noire, et la terre et la mer étaient invisibles. Daniel chercha un endroit pour s'abriter de la pluie et du vent, et il entra dans une cabane de planches, au bord de la route. C'est là qu'il s'est installé pour dormir jusqu'au matin. Cela faisait plusieurs jours qu'il n'avait pas dormi, et pour ainsi dire pas mangé, parce qu'il guettait tout le temps à travers la porte du wagon. Il savait qu'il ne devait pas rencontrer de policiers. Alors il s'est caché bien au fond de la cabane de planches, il a grignoté un peu de pain et il s'est endormi.

Quand il se réveilla, le soleil était déjà dans le ciel. Daniel est sorti de la cabane, il a fait quelques pas en clignant les yeux. Il y avait un chemin qui conduisait jusqu'aux dunes, et c'est là que Daniel se mit à marcher. Son cœur battait plus fort, parce qu'il savait que c'était de l'autre côté des dunes, à deux cents mètres à peine. Il courait sur le chemin, il escaladait la pente de sable, et le vent soufflait de plus en plus fort, apportant le bruit et l'odeur inconnus. Puis, il est arrivé au sommet de la dune, et d'un seul coup, il l'a vue.

Elle était là, partout, devant lui, immense, gonflée

comme la pente d'une montagne, brillant de sa couleur bleue, profonde, toute proche, avec ses vagues hautes qui avançaient vers lui.

« La mer ! La mer ! » pensait Daniel, mais il n'osa rien dire à voix haute. Il restait sans pouvoir bouger, les doigts un peu écartés, et il n'arrivait pas à réaliser qu'il avait dormi à côté d'elle. Il entendait le bruit lent des vagues qui se mouvaient sur la plage. Il n'y avait plus de vent, tout à coup, et le soleil luisait sur la mer, allumait un feu sur chaque crête de vague. Le sable de la plage était couleur de cendres, lisse, traversé de ruisseaux et couvert de larges flaques qui reflétaient le ciel.

Au fond de lui-même, Daniel a répété le beau nom plusieurs fois, comme cela,

« La mer, la mer, la mer... »

la tête pleine de bruit et de vertige. Il avait envie de parler, de crier même, mais sa gorge ne laissait pas passer sa voix. Alors il fallait qu'il parte en criant, en jetant très loin son sac bleu qui roula dans le sable, il fallait qu'il parte en agitant ses bras et ses jambes comme quelqu'un qui traverse une autoroute. Il bondissait par-dessus les bandes de varech, il titubait dans le sable sec du haut de la plage. Il ôtait ses chaussures et ses chaussettes, et pieds nus, il courait encore plus vite, sans sentir les épines des chardons.

J.-M. G. Le Clézio, *Celui qui n'avait jamais vu la mer*, Gallimard, 1978.

Autres lieux, autres personnages...

Voici un extrait du roman le plus célèbre d'André Dhôtel (né en 1900) : Gaspard a quitté la vie paisible de son village pour partir à la recherche d'un enfant fugueur rencontré par hasard. Il s'est lié avec Niklaas qui voyage avec ses deux fils, dans le Nord, entre la France et la Belgique.

Beaux soirs, beaux projets. Le plus difficile fut de trouver le cheval. Niklaas dut aller jusqu'à Ranst. Enfin, un après-midi, il revint au quai avec le break, attelé à une jument osseuse, qui avait des sabots énormes et des jambes grêles. On transporta, du bateau sur la voiture, les effets, les objets ménagers et les matelas. Cette voiture couverte d'une bâche avait des dimensions assez vastes.

— Nous irons à pied la plupart du temps, dit Niklaas, car il faut ménager ce cheval.

Ils partirent le soir même, à la nuit tombée. Niklaas alluma une lanterne sur la gauche du break et l'on suivit d'abord les docks. Il n'était pas question de passer sous le tunnel de l'Escaut, réservé aux automobiles, et l'on traversa toute la ville en suivant les grandes avenues pour gagner la route de Malines.

On arriva dans la campagne vers minuit. Il y avait quelques nuages dans le ciel, et l'on ne distinguait pas très bien les alentours. Mais on sentait l'odeur des blés et des taillis.

— Voilà qui nous change, disait Niklaas. Nous sommes faits pour changer toujours. [...]

Pour l'heure, on marchait sur une route où les autos devenaient de plus en plus rares, et l'on entendait les grenouilles coasser dans les étangs.

Ils s'arrêtèrent vers le matin au fond d'un chemin creux, et dormirent deux ou trois heures. Puis ils poursuivirent leur route. On arriva à Malines vers la fin de l'après-midi. Le cheval fut dételé, la voiture laissée sur un terrain réservé aux nomades.

— La résistance de ce cheval m'étonne, disait Niklaas.

Ils allèrent visiter la ville. Niklaas n'avait pas l'intention de donner des séances musicales avant d'arriver dans la vallée de la Meuse, au sud de Namur. Il avait parcouru jadis les villages de cette région, et il les jugeait les plus propices aux chansonniers. En même temps, il serait possible de s'informer de Maman Jenny si l'on admettait que le pays dont rêvait Hélène, c'était simplement le parc d'un château, car de nombreux châteaux s'élèvent dans le pays mosan.

— Voici que je reviens sur mes pas, se plaignait Gaspard.

— Tu ne connais pas le monde, répondait paisiblement Niklaas. Nous allons monter sur le beffroi et je t'expliquerai.

Ils arrivèrent sur la place où se dressait la tour de la cathédrale. Cette tour avait l'énormité d'un cauchemar, mais à mesure que les regards la suivaient dans sa montée vers le ciel, on était égaré par une beauté qui n'appartenait plus à la terre. La place était presque déserte à cette heure. Seulement quelques touristes attablés dans les cafés ou rôdant devant les magasins de cartes postales. Niklaas s'arrêta avec les garçons au milieu de la place, comme s'il voulait leur donner quelque renseignement. Mais il garda le silence, et on se demandait ce qu'il voulait.

Alors, on entendit le carillon de la tour, qui se mettait à chanter. Comme des voix nombreuses, perdues dans l'air, et inhumainement claires et pures.

— Vous ne saviez pas que cela existait, dit Niklaas. Cela existe. Il n'y a pas que des aventures et des ennuis, ici-bas, Gaspard, mon fils. On entend aussi des chansons dans le ciel.

André Dhôtel, *le Pays où l'on n'arrive jamais*, Pierre Horay, 1955.

Annexes

Les sources

Sur les dix textes proposés dans cette édition, quatre appartiennent au fonds danois et sont des transcriptions de contes appelés « contes de nourrice » parce qu'ils étaient racontés aux enfants que l'on voulait distraire ou endormir. Les six autres sont originaux et d'inspiration autobiographique. La sélection proposée se veut le reflet de l'œuvre d'Andersen : il a plus souvent puisé dans sa vie que dans le patrimoine danois.

L'héritage de la tradition

● *La Princesse sur un pois* (1835) : ce conte appartient au genre des *eventyr* (voir p. 203). Andersen intervient comme narrateur en ajoutant une touche personnelle d'humour à une histoire bien connue à la fin du récit : « Voilà une histoire aussi véritable que la princesse. »

● *Le Porcher* (1839) : Andersen écrivit dans *le Conte de ma vie* qu'il avait profondément modifié cette histoire parce que le conte populaire « ne pouvait décemment être reproduit ». Malheureusement, il ne donna pas davantage de précisions !

● *Jean Balourd* (1851) : il s'agit d'une simple transcription d'un conte très connu au Danemark. Le manuscrit d'Andersen précisait même en sous-titre *Histoire de nourrice,* mais cette mention a disparu lors de la première édition.

● *Ce que fait le vieux est bien fait* (1861) : il est amusant de noter qu'Andersen transcrivit ce conte du 5 au 7 décembre 1861 et que dans son *Journal* en date du 4 décembre, il notait : « Changé ma monnaie d'or et perdu pour chaque napoléon 14 skilligs sur le prix d'achat. » Les petits moments de la vie quotidienne d'Andersen étaient peut-être à l'image des « contes de nourrice »...

L'inspiration autobiographique

Le Vilain Petit Canard (1843)

L'échec de sa pièce *l'Oiseau et le Poirier,* sifflée lors de sa première représentation en 1842, incita probablement Andersen à composer ce conte qui présente une revanche et insiste sur la singularité du génie, de l'être d'exception perdu dans la foule qui tarde à le reconnaître à sa juste valeur. Chaque épisode du conte peut être comparé à une étape de la vie du conteur : la basse-cour / Odense, la fuite vers les marécages / départ vers Copenhague, la vieille cabane / les théâtres de Copenhague qui rejetèrent l'auteur, et enfin, l'adoption du canard chez les cygnes / l'accueil d'Andersen par les Collin.

La Petite Sirène (1836)

Même si le folklore et la littérature danois abondent en sirènes et en ondins, ce conte est né d'une inspiration personnelle évidente, comme l'atteste cette confidence de l'auteur : « C'est le seul de mes ouvrages qui m'ait ému moi-même pendant que je l'écrivais » *(le Conte de ma vie).* Le désir de la petite sirène (fuir son monde d'origine) peut être rapproché du désir d'Andersen soucieux de fuir un milieu pauvre, provincial et peu cultivé pour vivre dans un milieu lettré, élégant, riche, ouvert. De même, l'échec de la petite sirène rappelle ceux de l'écrivain auprès de deux jeunes femmes pour lesquelles il éprouva un amour non partagé : Riborg Voigt, la sœur d'un de ses camarades, déjà fiancée quand il la demanda en mariage, et Louise Collin, la fille de son mécène et ami.

L'Intrépide Soldat de plomb (1838)

Enfant solitaire, Andersen avait l'habitude de se distraire avec des figurines de bois ou de carton que son père, artisan habile, lui confectionnait. Cet amour précoce pour des objets modestes auxquels on donne vie et que l'enfant peut charger de tous ses fantasmes, transparaît dans ce conte où, le plus naturellement du monde, les objets sont doués de sentiments et de raison, dans un monde en tout point conforme à celui des adultes. Par ailleurs, les multiples aventures du soldat au gré de hasards plus ou moins heureux rappellent les tribulations d'Andersen quand il arriva à Copenhague.

Les Fiancés (1843)

Andersen écrit ce conte juste après avoir revu Riborg Voigt, dont il a été amoureux treize ans plus tôt. Les transpositions ne semblent pas artificielles : la balle qui dédaigne le sabot même quand il est peint et orné d'un clou de cuivre est sans doute cette jeune fille qui n'accorda aucune attention au jeune homme qu'elle a connu pauvre. La fin du conte, très cruelle et réaliste, peut être interprétée de ce point de vue comme une revanche de l'auteur, devenu célèbre, sur celle qui a cessé d'être une belle jeune fille. (On pourrait songer à Corneille dans ses stances à Marquise du Parc, ou encore à Hélène qui, sans Ronsard, aurait sombré dans l'oubli...)

Ib et la petite Christine (1855)

La campagne joue un rôle important dans ce roman miniature. Andersen s'inspire des récits de sa grand-mère qui s'était inventé un passé de riche fermière. Andersen, comme Ib, aurait pu être un petit fermier. Pour l'errance dans Copenhague, Andersen mobilise les souvenirs de son arrivée dans la capitale. La déchéance de Christine qui a lutté pour échapper à sa condition représente une image possible de ce qu'aurait pu être la vie de l'auteur si, selon ses propres termes, elle n'avait pas été « un conte de fées ». Mais cet épisode douloureux du conte s'inspire aussi de la déchéance de sa propre demi-sœur, Karen, qu'il nommait « la fille de ma mère », née de père inconnu avant le mariage des parents de Hans Christian. Il est clair qu'Andersen ne joua pas auprès de sa demi-sœur le rôle paternel que joue Ib auprès de Christine. À ce titre, ce conte pourrait être considéré comme une compensation par la fiction : Ib qui pardonne à Christine et sauve la fille de celle-ci est une sorte d'idéalisation d'Hans Christian qui (d'après les témoignages de ses proches) ne fit jamais rien pour aider sa sœur et passa son existence à redouter qu'elle ne resurgisse des bas-fonds de Copenhague et donne ainsi de la famille de l'écrivain une image peu reluisante.

« *Danse, danse, ma poupée !* » *(1872)*

Composé pour la fillette d'un couple d'amis, comme *les Fleurs de la petite Ida* et beaucoup d'autres contes, ce conte révèle les relations privilégiées qu'Andersen entretenait avec les enfants. Ce qui pourrait laisser penser que, contrairement à de nombreux adultes, l'écrivain avait gardé vivantes en lui les capacités d'émerveillement et d'émotions enfantines.

Les principaux thèmes des contes

La différence

Être différent des autres, de tous les autres, ne leur ressembler en rien et en avoir conscience est un des thèmes fondamentaux dans l'œuvre d'Andersen.

Dès son plus jeune âge, la petite sirène ne ressemble pas à ses cinq sœurs, satisfaites de leur sort (au demeurant enviable). Étrangère au royaume de son père et aux siens, elle est fascinée par un ailleurs : « le monde d'en haut », celui des humains.

Mais, en dépit de tous ses efforts pour leur ressembler, elle ne sera jamais acceptée par eux. La différence physique qui l'excluait du monde des hommes est effacée, mais la petite sirène devient — de manière plus radicale encore — étrangère à ceux qu'elle voulait imiter puisqu'elle a payé par le sacrifice de sa voix sa ressemblance avec eux. À une différence apparente s'est substituée une différence plus fondamentale qui l'exclut définitivement. Même chez les filles de l'air, la petite sirène demeure ce qu'elle n'a cessé d'être : une exilée.

Par rapport à ses vingt-quatre frères, le soldat de plomb porte lui aussi la marque de sa différence : il est unijambiste. Croyant d'abord partager cette particularité avec la danseuse (qui tient elle aussi sur une seule jambe), il perçoit très rapidement une autre distance, de nature sociale celle-là, qui les sépare l'un de l'autre : elle est « trop grande dame » pour lui. Il arrive cependant que la différence ait des effets positifs.

Ainsi, Jean Balourd n'a rien de commun non plus avec ses frères : il ne sait ni le droit ni le latin, et son père fait peu de cas de lui. Mais son handicap initial (sa « balourdise ») joue finalement en sa faveur : c'est lui qui épousera la fille du roi. De même, dans *les Fiancés,* c'est le sabot qui finit par l'emporter malgré l'écart créé par son origine modeste. La balle est « demoiselle de bonne famille », ses parents étaient de « superbes pantoufles en maroquin », mais elle finit dans une boîte à ordures, tandis que le sabot regagne la chambre des enfants. Quant au vilain petit canard, si sa différence par rapport à son milieu entraîne d'abord un rejet de la part de sa prétendue communauté, elle se transforme en distinction et lui permet d'être accueilli et, finalement, reconnu.

La différence est donc une caractéristique ambivalente chez Andersen : elle est l'attribut d'êtres d'exception et peut les condamner à l'isolement et à l'incompréhension ou, au contraire, les destiner à une réussite surprenante.

Solitude et sentiment d'incompréhension

Ce double sentiment est très présent chez les personnages d'Andersen, d'une façon quasi systématique dans ses contes originaux. Dans *la Petite Sirène* et *le Vilain Petit Canard,* ces deux thèmes constituent le moteur même de l'intrigue et des différentes aventures des héros.

Pour le petit canard, la situation est d'autant plus dramatique qu'à la solitude et à l'incompréhension s'ajoutent l'humiliation et la persécution. Bien pire apparaît le sort de la petite sirène, puisqu'elle ne trouve nulle part sa place : est-elle responsable de ce qui lui arrive ? Rejetant son élément d'origine, l'eau, elle choisit la terre, au risque de perdre son identité et sans être réellement comprise par les humains. Le troisième élément, l'air, lui apportera certes la consolation et même l'immortalité, mais rien qui ressemble à la vraie vie dont elle rêvait.

177

Le désir de fuite

Le voyage est une forme particulièrement efficace de l'expérience initiatique, propre au conte populaire, et les personnages d'Andersen, même dans les œuvres de son invention, sont presque tous amenés à quitter leur milieu d'origine pour parcourir le monde.

Le désir de fuite est souvent à l'origine de ces départs, mais il peut obéir à des motivations très différentes. Ainsi le vilain petit canard et la petite sirène quittent-ils leur famille parce qu'ils s'y sentent déplacés, étrangers, voire mal aimé dans le cas du canard. Au contraire, la petite Christine laisse un monde chaleureux et aimant parce qu'elle est victime des mirages de la ville et des richesses. La fin du conte et sa morale sont radicalement différentes selon qu'il s'agit de l'une ou de l'autre de ces motivations, et Andersen semble avoir nourri une tendresse toute particulière pour ces êtres différents des autres (mais un peu semblables à lui-même), qui partent chercher ailleurs plus d'amour et de compréhension.

Y a-t-il des amours heureuses ?

Seuls les contes qu'Andersen a empruntés au fonds danois et qu'il s'est borné à transcrire présentent des amours à l'issue heureuse. Encore répondent-ils à des schémas convenus, en quelque sorte inhérents au genre, comme dans *la Princesse sur un pois* ou *Jean Balourd*. Quelques rares fois, cet amour peut être fondé sur la compréhension et l'indulgence, comme dans *Ce que fait le vieux est bien fait*. Quant aux contes d'inspiration autobiographique, ils n'offrent que des exemples d'amours quasi désespérées : le prince ignorera toujours que la petite sirène l'a sauvé et ne mesurera jamais l'amour qu'elle lui porte ; le soldat n'ose jamais déclarer son amour, convaincu à l'avance d'être repoussé par la danseuse ; Ib est rejeté par Christine ; enfin le conte présenté sous le titre suave des *Fiancés* tient plus du règlement de comptes que de l'idylle.

178

Justice immanente ?

En cas de conflit, les « bons », même s'ils sont naïfs, triomphent généralement. Ainsi le paysan, dans *Ce que fait le vieux est bien fait,* récupère-t-il largement sa mise et le vilain petit canard est reconnu pour ce qu'il est en réalité : un magnifique cygne ; Jean Balourd l'emporte haut la main sur ses frères : son bon sens, sa simplicité rustique, son goût de la vie et son dynamisme ont raison de ses deux nigauds de frères, etc. Mais les êtres généreux et authentiques ne triomphent de l'adversité qu'en étant aidés par la chance. Or, celle-ci est parfois singulièrement absente chez Andersen. Les personnages peuvent sombrer dans l'oubli, quelles que soient leurs qualités, comme le soldat de plomb.

Heureusement, il arrive que les « bons » se chargent eux-mêmes de rendre la justice : le porcher repoussera la capricieuse princesse, le sabot méprisera la balle, etc. Mais cette morale-là est encore pleine d'amertume...

Les problèmes
de traduction

Le danois qu'écrit Andersen est une langue difficile à plusieurs titres : parce qu'elle est du XIXe siècle et qu'elle mêle des expressions populaires et imagées à d'autres, littéraires et recherchées. Fluide, poétique, riche en métaphores, lumineuse, jouant sur le rythme ternaire et la mélodie des mots, cette langue est complexe pour les Danois eux-mêmes. Pour les lecteurs français, à la complexité d'origine s'ajoutent les approximations et les appauvrissements dus à la traduction. Quand, en 1930, la Bibliothèque nationale organisa une exposition sur Andersen, le catalogue recensait trente-quatre traductions portant toutes sur les contes les plus célèbres comme le *Vilain Petit Canard* ou *la Petite Sirène*.

Un des premiers recueils importants est celui de David Soldi (publié en 1856) qui regroupe vingt-trois contes. Ernest Grégoire et Louis Moland en publieront quatre-vingt-dix, dont certains seront revus par Étienne Avenard.

P. G. La Chesnais donnera également une traduction de l'ensemble des contes, à laquelle il travailla de 1937 à 1943. Dans sa préface à l'édition « Mille Pages » du Mercure de France (dont il est le traducteur), il juge bon de préciser : « Andersen est un auteur qui ne perd pas trop à être traduit. » Toute l'ambiguïté réside naturellement dans ce « pas trop ». Une comparaison des différentes traductions portant sur quelques œuvres esquisse déjà le problème. Un des romans les plus connus d'Andersen est indifféremment traduit par *Rien qu'un violoneux, Un simple sonneur* ou encore *Rien qu'un musicien de village*. Selon les traducteurs, *la Princesse sur un pois* devient *la Princesse au petit pois, la Petite Sirène* est *la Petite*

Ondine, l'Intrépide Soldat de plomb se transforme en *l'Inébranlable Soldat de plomb, Jean Balourd* en *Jean le Nigaud.*

Ce que nous lisons en français est donc toujours une traduction-interprétation qui peut gommer parfois la poésie et l'humour du texte d'Andersen, et rend le lecteur légitimement nostalgique de l'original. Deux versions du même texte original peuvent faire l'objet d'une comparaison :

Loin en mer, l'eau est bleue comme les pétales du plus beau bluet, et claire comme le verre le plus pur, mais elle est profonde, trop profonde pour qu'aucune ancre puisse atteindre le fond, il faudrait poser un grand nombre de tours d'église les unes sur les autres pour monter du fond à la surface. C'est là, en bas, que les ondins ont leur demeure.

> *La Petite Ondine,* traduction de P. G. La Chesnais, 1937-1943.

Bien loin dans la mer, l'eau est bleue comme les feuilles des bluets, pure comme le verre le plus transparent, mais si profonde qu'il serait inutile d'y jeter l'ancre, et qu'il faudrait y entasser une quantité infinie de tours d'église les unes sur les autres pour mesurer la distance du fond à la surface.

C'est là que demeure le peuple de la mer.

> *La Petite Sirène,* traduction de D. Soldi, E. Grégoire et L. Moland.

Si la traduction de P. G. La Chesnais a été établie « avec la plus scrupuleuse conscience » selon Erik Dal (un comparatiste danois), elle est plate, sèche, informative en comparaison de celle de D. Soldi, E. Grégoire, L. Moland, revue par É. Avenard. Parce que son style est plus fluide, plus poétique, plus pittoresque, nous avons choisi la seconde toutes les fois que c'était possible.

Andersen : aussi un romancier, un poète, un dramaturge...

Si Andersen doit sa popularité à ses contes, la poésie, le théâtre et le roman furent au centre de ses préoccupations durant toute sa vie. Certaines de ces œuvres n'ont encore jamais été traduites en français.

Les œuvres de fiction

Les romans

Le premier roman d'Andersen écrit en 1835, *l'Improvisateur,* se déroule en Italie et se nourrit des impressions de voyage de l'auteur. Antonio, le personnage principal, est un jeune Italien pauvre qui a le don d'improviser des vers. Grâce à ce talent, qui lui vaut d'être remarqué par des personnages riches et influents, il échappe à la misère, fait des études et acquiert une certaine célébrité. Il est alors le héros de multiples aventures sentimentales.

Ce roman présente l'Italie telle que la voyaient les écrivains romantiques et tous les étrangers qui avaient le privilège de voyager : un pays étrange et merveilleux, fait de ruines, bruissant de chansons, peuplé de brigands. Les emprunts à la vie de l'auteur sont multiples, à commencer par le titre de l'œuvre. « L'improvisateur » est le surnom qu'on donnait à Andersen dans les salons de Copenhague quand il racontait ses histoires en brodant sur une trame.

Un peu à part dans la production romanesque d'Andersen,

le *Livre d'images sans images* (*Billedog uden Bileder*), paru en 1840, est à la fois un recueil de contes et d'esquisses romanesques. Ce volume original a été publié en France en 1929 sous le titre *Trente-Trois Clairs de lune inédits*. Parmi les « images » mélancoliques ou amères de ce recueil, apparaît, par exemple, un poète médiocre que la critique encense parce que sa tante a versé de l'argent au directeur du journal dans lequel il est publié. D'autres « instantanés » mettent en scène des enfants dont les réflexions sont empreintes de justesse et d'ironie.

Les autres romans d'Andersen sont :
— *O.T.* (1835), dont le titre désigne la prison d'Odense ;
— *Un simple sonneur,* intitulé parfois *Rien qu'un violoneux* (*Kun en Spillemand,* 1837) ;
— *les Deux Baronnes* (*De to Baronesser,* 1848), roman de mœurs ;
— *Être ou ne pas être* (*At waere eller ikke waere,* 1857), qui développe une problématique religieuse ;
— *l'Heureux Pierre* (*Likke Peer,* 1870).

Les pièces de théâtre

Toute sa vie, Andersen a écrit des pièces de théâtre. Certaines n'ont jamais été jouées et celles qui le furent n'eurent guère de succès :
— *Amour sur la tour Saint-Nicolas,* vaudeville (1830) ;
— *Agnete et l'Homme de la mer* (1834) qui mêle réalisme historique et féerie ;
— *la Mulâtresse,* drame romantique et rare pièce d'Andersen à avoir été applaudie (1839) ;
— *les Fleurs du bonheur,* comédie (1842) ;
— *Ahasvérus,* drame philosophique (1847) ;
— *la Nouvelle Chambre de l'accouchée* (publiée en 1850). Andersen écrivit également des pièces féeriques destinées aux enfants, comme *Ole ou le Marchand de sable, Hylemor,* etc.

La poésie

Pas plus que le théâtre, la poésie n'apporta le succès à Andersen. Pourtant, il publie son premier recueil, d'inspiration romantique, dès 1827. En 1847, il rassemble une grande partie de ses poèmes sous le titre *Poèmes anciens et nouveaux,* suivis de *Chants et chansons patriotiques* en 1851.

Les écrits autobiographiques

Le Conte de ma vie (1846)

Nouvelle version du *Livre de ma vie* (1832-1833), le *Conte de ma vie* a été publié en France en 1930. Mais, d'une part, cette traduction ne porte que sur la moitié du texte original, d'autre part, tout ce que l'auteur y a écrit à propos de sa vie n'est pas exact. Andersen a « oublié » certains faits pour en ajouter d'autres, plus heureux, plus féeriques. Il a choisi de se souvenir principalement des épisodes heureux de sa vie (amitiés, protections, encouragements) pour gommer des détails réalistes sur lesquels n'aurait pas manqué de s'appesantir un romancier naturaliste. Défilent des hommes qui jouèrent un rôle important dans sa vie, comme Oehlenschläger, premier poète romantique danois (1779-1850), ou le souverain Frédéric VI (1768-1839).

Une partie du livre retrace les voyages d'Andersen en Europe et se fait l'écho de son émerveillement pour les paysages, les villes, les musées, les spectacles. Le conteur évoque également tous les artistes qu'il rencontra : Hugo, Lamartine, Balzac, Alexandre Dumas, le peintre David, Dickens avec lequel il se lia d'une véritable amitié, Liszt, Wagner, la cantatrice suédoise Jenny Lind, etc.

Le Journal et la correspondance

Andersen a laissé un volumineux *Journal,* où il a noté les événements importants de sa vie, et une vaste correspondance (environ mille cinq cents lettres). Ces documents très importants pour comprendre l'homme, son époque et son œuvre ne sont que partiellement traduits en français.

Les récits de voyage

Comme tous les écrivains romantiques, Andersen a noté ses impressions sur les pays qu'il visitait et il a publié notamment : *En Suède* (1851), *En Espagne* (1853), *Une visite au Portugal* (1866), tout comme Alexandre Dumas avait publié des *Impressions de voyages* en 1834, puis en 1837.

Comment peut-on être auteur de contes populaires ?

Les contes populaires, à l'origine anonymes, se transmettent oralement de génération en génération. Professionnels ou non, les conteurs animaient naguère les veillées de villages, notamment les jours de fête et lors des grands événements, en racontant des histoires qui ont évolué au fil du temps. Si chacun de ces récits présente en effet une trame stable, connue à la fois du conteur et des « écouteurs », la situation de communication propre à l'oral a nécessairement des conséquences : ajout de détails, modification de certaines anecdotes, invention de nouvelles fins ou encore formulations différentes pour un même contenu.

De la tradition orale aux textes rédigés

Dès l'Antiquité, certains contes ont été fixés par écrit. Le plus ancien semble être celui des *Deux Frères,* retrouvé sur un papyrus égyptien datant du XIIIe siècle avant J.-C. et qui est à la source de nombreuses versions européennes, dont l'une sera recueillie par les frères Grimm. Dans *l'Âne d'or,* d'Apulée (IIe siècle avant J.-C.), figure l'histoire de Psyché à la recherche de son époux disparu, thème qui sera repris par Mme Leprince de Beaumont (1711-1780) dans *le Magasin des enfants* sous le titre « la Belle et la Bête ». Les contes, ou plutôt les mythes, traversent donc le temps, mais aussi l'espace (il existe une *Cendrillon* chinoise datée du IXe siècle...).

Perrault, premier écrivain de contes traditionnels

Quand Charles Perrault (1613-1688) publie en 1697 *Contes et histoires du temps passé,* il y a environ dix ans que les contes de fées sont un genre à la mode dans les salons aristocratiques, surtout auprès des dames, comme passe-temps.

Mais la démarche de Perrault est complètement novatrice (elle s'inscrit sans doute dans la querelle des Anciens et des Modernes) : pour la première fois, un écrivain de profession ne va pas chercher son inspiration chez les auteurs de l'Antiquité grecque ou romaine, mais dans la tradition populaire française (à l'exception de *Griselidis,* reprise d'une nouvelle de Boccace, et de *Riquet à la houppe,* entièrement inventé par Perrault).

S'adressant à des lecteurs lettrés, il soigne l'élégance de son style ; de même, le catholicisme étant la religion officielle au XVIIe siècle, il introduit dans ces contes nés de mythes païens les pratiques religieuses de ses contemporains. Ainsi, l'épouse de la Barbe bleue demande-t-elle un peu de temps pour prier avant de subir son châtiment. Tous ces traits, qui traduisent le souci d'adaptation à une société spécifique, font que Perrault est à la fois un véritable conteur traditionnel (il respecte la trame des récits mais les rend accessibles aux destinataires) et un écrivain, créateur d'un genre littéraire nouveau en France : le conte de fées.

Son œuvre, parue en plusieurs étapes, d'abord sans nom d'auteur puis sous le nom de son fils, Pierre Darmancour, connaît un immense succès auprès de tous ceux qui savent lire à l'époque, qu'ils soient aristocrates ou non.

Mais dans le courant du XVIIIe siècle, le genre cessera d'intéresser les lecteurs adultes (les Lumières en seraient-elles la cause ?) et les contes populaires commenceront à être transcrits ou inventés uniquement pour les enfants, retournant ainsi à leur précédent statut d'« histoires de nourrice ».

Les frères Grimm, premiers collecteurs de contes populaires

Jakob (1785-1863) et Wilhelm (1786-1859) Grimm, savants philologues allemands, publient de 1812 à 1815, sous le titre *Contes de l'enfance et du foyer,* 156 histoires recueillies auprès de conteurs oraux, sans apport littéraire personnel contrairement à ce que fit Perrault. Leur objectif : faire connaître, tels qu'ils sont dits, les contes allemands. Il s'agit donc de transcriptions, aussi fidèles que possible, mais pas encore d'une démarche scientifique de folkloristes telle qu'elle apparaîtra dans la seconde moitié du XIXᵉ siècle (collecte systématique dans une région ou un pays, avec indications précises sur les conditions du récit, les origines de chaque histoire, la diffusion et ses modes, etc.).

Les frères Grimm initient immédiatement tout un courant d'intérêt pour le conte populaire : en Europe centrale et en Russie, en Écosse, dans les pays scandinaves, savants et poètes s'attachent à collecter et à transcrire ou écrire les récits contés dans leur pays. Peut-être ce mouvement s'inscrit-il dans l'histoire des peuples à la recherche de leur identité et de leur unité. Il est certain, en tout cas, que le poète et dramaturge danois Oehlenschläger, qualifié généralement de « romantique nationaliste », s'est inspiré, dans ses œuvres, des vieilles chroniques scandinaves, et que certains contes populaires du Danemark avaient été recueillis et publiés dans les années 1820-1830.

Un inventeur : Andersen

On a vu précédemment qu'Andersen s'est inspiré pour une minorité de ses contes de légendes populaires et du folklore scandinaves. En cela, il n'est pas original, pas plus que des romantiques comme Nodier, E. T. A. Hoffmann ou Brentano qui reprennent la tradition des contes de fées pour créer des contes fantastiques. Mais son imagination poétique métamorphose les vieilles légendes pour en faire de véritables re-créations, même quand il puise aux sources des mythes les plus anciens, comme c'est le cas pour *la Petite Sirène*.

À l'inverse, son sens de l'observation de la vie quotidienne, sa sympathie (au sens étymologique du terme) pour les enfants lui servent de base pour l'invention d'histoires nouvelles, originales et cependant conformes à la structure traditionnelle du conte. En effet, si l'on s'en tient à cette définition classique du conte considéré comme une œuvre narrative, rapportant une action unique ou une série d'épisodes aisément isolables, et dont le style d'écriture conserve la liberté et la vivacité de l'oral, Andersen est bien un auteur de contes populaires (il avait d'ailleurs l'habitude de lire ses histoires à haute voix à un public composé de dames de la haute société et d'enfants avant de les publier).

On peut, bien sûr, estimer avec Bruno Bettelheim (voir p. 192) que les histoires d'Andersen ne peuvent être considérées comme des contes populaires qui, eux, sont fondés sur des mythes aussi anciens que l'humanité et contribuent par leurs symboles au développement heureux de la personnalité des enfants. Mais comment, alors, s'expliquerait le succès universel d'Andersen ? Tiendrait-il seulement à son art du récit, alors que seules des traductions — ou pire, des adaptations — sont accessibles à la plupart des lecteurs ? Mais ces adaptations, précisément, ne retiennent que la trame des contes et mettent leur écriture originelle à la portée d'un lecteur réel mais forcément (édition de masse oblige) idéalisé dans son âge, son milieu, etc. Cette démarche n'est-elle pas comparable en bien des points à celle des conteurs oraux traditionnels ? Démonstration par l'absurde, certes, qui peut cependant aider à mieux situer Andersen, à lui donner un statut plus juste dans l'histoire d'un genre aussi bien destiné aux adultes qu'aux enfants. Et même si Andersen a supprimé rapidement la mention des destinataires dans le premier recueil paru en

1835 et intitulé alors *Contes racontés aux enfants,* ce n'est sans doute pas un hasard s'il symbolise encore aujourd'hui la littérature d'enfance et de jeunesse, au point que chaque année, depuis 1956, est décerné, par l'IBBY *(International Board on Books for Young People)* un prix Andersen au meilleur livre pour enfants publié dans le monde.

Andersen, les contes et la critique

Andersen, un conteur pour enfants ?

Certes, il aimait raconter aux enfants. Mais il s'adressait aussi aux hommes d'âge mûr. Il est plusieurs manières d'apprécier ces brefs petits chefs-d'œuvre. Les enfants ont la leur, immédiate et globale, qui n'est pas la plus mauvaise. Mais les adultes peuvent exercer leur réflexion sur ces contes et y découvrir une philosophie moins naïve qu'il n'y paraît à première lecture.

> Maurice Gravier, préface à l'édition des *Contes* d'Andersen,
> Flammarion, coll. « G.F. », 1970.

« J'attrape une idée pour l'adulte, et je la raconte aux petits, tandis que je garde à l'esprit la conscience que papa et maman écoutent souvent aussi, et à eux, il faut donner de quoi penser », dit-il [Andersen]. Cette adresse au public des petits était à la fois une initiative heureuse et une initiative malheureuse. Heureuse, parce qu'elle l'aiguillait vers des symboles qui sont accessibles sur toute la terre, malheureuse, parce qu'elle prêtait à équivoque en laissant croire que les contes étaient destinés aux enfants. Aussi se hâta-t-il de supprimer de la page de titre la mention « racontés aux enfants » et c'est pourquoi aussi il protesta énergiquement dans ses vieux jours contre le projet d'une statue où on le voyait entouré d'enfants. Il ne voulait pas être ramené à n'être qu'un auteur inoffensif d'idylles, qui composait pour les petits, alors qu'il avait eu l'ambition bien plus grande d'écrire pour toute la famille. Il avait raison. Mais rien n'y fit. Sans doute fit-il échouer le projet de la statue, mais il ne put détruire le mythe de l'écrivain pour enfants.

> Erling Nielsen, *Portrait* (brochure publiée
> par le ministère des Affaires étrangères du Danemark), 1983.

Ces dernières années, on a eu tendance dans les pays de langue anglaise à sous-estimer l'importance d'Andersen en littérature et à le reléguer au rang d'écrivain pour enfants. Qui plus est, spéculant sur la célébrité de ses contes, des éditeurs peu scrupuleux en ont multiplié les éditions à bon marché, où la médiocrité des traductions le disputait à celle des illustrations. Les Anglais et les Américains ont fait à Andersen ce que le monde avait fait à Swift et à Defoe : ils l'ont exilé dans la chambre des enfants et ont refermé la porte sur lui.

> Élias Bredsdorff, *Hans Christian Andersen,*
> Presses de la Renaissance, 1989.

La narration des contes est le domaine le plus étendu de la poésie, elle va des tombeaux de l'Antiquité où le sang fume encore jusqu'au livre d'images qui raconte la pieuse légende enfantine, elle comprend la poésie populaire et la poésie savante, elle est pour moi le représentant de toute poésie, et celui qui en est capable doit pouvoir y faire entrer le tragique, le comique, le naïf, l'ironie et l'humour et il a à son service la corde lyrique, la langue de celui qui raconte dans le style des enfants et celle du peintre de la nature.

> Andersen, texte traduit par Erling Nielsen, dans *Andersen*
> (brochure publiée par le ministère des Affaires étrangères
> du Danemark), 1983.

Le conte d'Andersen *le Vilain Petit Canard* est l'histoire d'un caneton qui, après avoir été méprisé par ses frères, finit par prouver sa supériorité à tous ceux qui se sont moqués de lui. L'histoire contient même l'élément du héros qui est le dernier-né, puisque tous les autres canetons sont sortis de l'œuf avant lui.

Cette histoire, aussi charmante soit-elle, est, comme presque tous les contes d'Andersen, un récit pour adultes. Les enfants l'apprécient, bien sûr, mais elle ne leur est d'aucun secours ; bien qu'elle leur plaise, elle fait faire fausse route à leur imagination. L'enfant qui se sent incompris et déprécié peut avoir envie d'appartenir à une autre espèce, mais il sait très bien que c'est impossible. Sa chance de réussir dans la vie n'est pas de passer d'une espèce à une autre, comme le vilain petit canard qui devient cygne, mais d'améliorer ses qualités et de faire mieux que ce que les autres attendent de lui, tout en conservant la même nature que ses parents et ses frères et sœurs. Nous trouvons tout cela dans les contes de fées, quelles que soient les transformations subies par le héros ; il peut être transformé en animal, ou même en pierre, mais, à la fin, il est toujours un être humain, comme il l'était au début.

Encourager l'enfant à croire qu'il est d'une espèce différente, même si cette idée le séduit, c'est risquer de le conduire dans une direction opposée à celle que proposent les contes de fées, c'est-à-dire qu'il doit faire quelque chose pour réaliser sa supériorité. *Le Vilain Petit Canard* n'exprime absolument pas la nécessité d'accomplir quelque chose. Tout est réglé par le destin et l'histoire s'achemine vers sa conclusion, que le héros agisse ou pas, alors que dans les contes de fées, ce sont les actes du héros qui changent sa vie.

Bruno Bettelheim, Psychanalyse des contes de fées,
Robert Laffont, 1976.

Un homme sympathique ?

Ce qui rend Andersen immédiatement sympathique, c'est cet amour de la créature humaine, cette émotion devant la nature vivante, devant tout ce qui existe en vérité. Voilà pourquoi la frontière entre animé et inanimé est toujours vague chez lui. Les choses et les animaux sont personnifiés avec une spontanéité, un naturel surprenant. Toute la création parle sans effort le danois d'Andersen.

Régis Boyer, article « Andersen », Encyclopædia Universalis.

Qu'il n'ait été choyé des dieux ni physiquement, ni psychiquement, cela ressort moins de ses mémoires, dont les tableaux sont comme des images exposées au soleil, que des milliers de lettres qu'il a écrites et où les ombres tombent autrement denses, et de ses journaux tenus avec soin, pleins de sombre

désespoir. Sans relâche, il gémit sur sa misérable santé ;
épuisé, fiévreux, étourdi, à bout de forces sont des mots qui
sont répandus à foison dans ces pages. Il était aussi hypocon-
driaque, il ne touchait jamais au jambon de peur des trichines.
« Je ne suis mort qu'en apparence », pouvait-on lire sur un
billet que, d'après la tradition, il mettait sur son édredon la
nuit, dans la crainte d'être enterré vivant. À tout moment, il
croyait voir des affronts et des offenses à son égard là où il
n'y en avait pas, il se sentait souvent susceptible, irritable, de
mauvaise humeur, triste, impressionnable ; pendant de longues
périodes, l'angoisse de devenir fou lui donnait des cauchemars,
et cependant il résume ses expériences dans les mots fameux
qui ouvrent le livre de ses mémoires : « Ma vie est un beau
conte, si riche et si heureux. » Lorsque Andersen est qualifié
parfois de poète idyllique, il convient d'ajouter que cette idylle
qu'il évoque n'est devenue telle qu'à travers de rudes combats
et de grandes tensions intérieures. Sa vie ne s'est pas formée
d'elle-même comme un conte. Il a fallu lui donner sa forme.
De décomposer la lumière morne de l'existence pour produire
le spectre rayonnant du conte a exigé de grandes ressources
d'énergie.

Erling Nielsen, *Andersen, op. cit.*

Au fil des ans, on a porté sur Andersen des jugements fort
divers. Il y a ceux qui n'ont jamais vu en lui que l'égotiste
infatué de lui-même qu'incontestablement il était aussi.
D'autres l'ont considéré presque comme un martyr ou, selon
l'expression de Georg Brandes, comme « l'animal blessé de la
littérature danoise », un génie impitoyablement persécuté dans
son pays et reconnu seulement, à contrecœur, après être
devenu célèbre dans le monde entier. Andersen est lui-même
responsable dans une certaine mesure de ces simplifications
abusives. Certains l'ont tenu pour un snob et un parasite,
d'autres ont retenu surtout la sympathie pour les opprimés
qu'il exprime dans ses ouvrages en prose.

Élias Bredsdorff, *op. cit.*

De « l'essence de l'âme danoise » à l'universalité

Qu'Andersen ait eu du succès à l'étranger est quelque peu surprenant quand on considère à quel point son œuvre est intimement danoise ; on peut même se poser la question de savoir si, dans le plus profond de son âme, il n'est pas si nettement marqué par son île natale qu'il ne peut vraiment être compris que quand on l'entend dans le dialecte chantant et plein de charmes qu'on y parle (le dialecte de Fionie, disent les gens de là-bas, c'est la langue que les anges parlent le dimanche)...

Mais, même si Andersen exprime peut-être de cette manière quelque chose de spécifique pour la Fionie, les mères du Japon n'en racontent pas moins aujourd'hui ce conte à leurs enfants aux yeux bridés, si paradoxal que cela paraisse.

Erling Nielsen, Andersen, op. cit.

Bien loin des conteurs de fabliaux italiens et français, aussi étranger à Perrault qu'à La Fontaine, il restera la plus pure incarnation du génie populaire nordique : crédule, vague, ouvert aux souffles de la nature, enclin parfois à une molle facilité, un peu moralisant, un peu prêcheur, humoristique et familial, et souvent envolé jusqu'à la plus haute poésie par un miracle de sensibilité mélancolique ou de fantaisie étincelante.

Marcelle Tynayre, article « Andersen »
Dictionnaire des auteurs, Laffont-Bompiani, 1980.

C'est à un enfant du peuple sans théorie, sans école, qu'il appartiendra de découvrir au monde l'essence de l'âme danoise : Hans-Christian Andersen. [...]

Les *Contes* ont fait cent fois le tour du monde, ils ont été traduits — et souvent plusieurs fois — en quatre-vingts langues, et les rééditions, traductions nouvelles, éditions illustrées, adaptations enregistrées ou cinématographiques n'ont jamais cessé. Aucun conteur antique, aucun florilège populaire, et *les Mille et Une Nuits* même ne les dépassent en popularité.

Ils ont le rare mérite d'être directement accessibles à tous, quelles que soient les différences de milieux, de cultures et de nationalités. Ils constituent une œuvre universelle par excellence.

Régis Boyer, *op. cit.*

La morale des contes

Les bons sont souvent récompensés, mais c'est en vertu d'une morale naturelle, non d'un système philosophique et religieux. Les méchants sont parfois punis, mais le plus souvent, ils sont oubliés. L'éclairage s'est déplacé, les replongeant dans l'ombre, tout simplement. On ne châtie guère, dans les *Contes*. La mort est bien assez cruelle comme cela.

Régis Boyer, *op. cit.*

Avant ou après la lecture

Lectures et mises en scène

1. Jouez *la Princesse sur un pois* sans paroles, uniquement en mimant le conte. Dégagez les différentes parties du texte et préparez des indications de mise en scène précisant quels doivent être les gestes et les jeux de physionomie des personnages.

2. Distinguez différentes scènes dans *Jean Balourd* et jouez ce conte... avec des objets de remplacement pour les corbeaux et pour la boue.

3. Choisissez dans *la Petite Sirène* et dans *le Vilain Petit Canard* trois moments importants et représentez-les sous forme de tableaux vivants. Vous pourrez fabriquer les décors et les costumes nécessaires, avec l'aide de vos professeurs d'arts plastiques et d'E.M.T.

Ouvertures

1. Recherchez des illustrations (images, cartes postales, photographies) sur le Danemark aujourd'hui et composez un panneau mural ; sous chaque illustration vous placerez une légende indiquant ce que représente le document. Vous pouvez demander l'aide de votre professeur de géographie.

2. Andersen est l'un des écrivains les plus connus dans le monde. Mais que sait-on de lui exactement ? Pour le vérifier, vous enquêterez auprès de personnes de votre entourage (aidez-vous du questionnaire suivant auquel vous ajouterez des questions de votre cru).

a) À quelle époque Andersen a-t-il vécu ?
b) Dans quel pays ?

c) A-t-il connu la célébrité de son vivant ?

d) Quelles œuvres d'Andersen connaissez-vous ? Les avez-vous lues ou bien vous les a-t-on racontées ?

e) Quel personnage créé par Andersen peut-on voir encore aujourd'hui ? Sous quelle forme ? Où ?

f) Connaissez-vous d'autres œuvres d'Andersen que ses contes ? Si oui, lesquelles ?

3. Demandez à des personnes de tous âges de vous donner la liste des contes d'Andersen qu'elles aiment le mieux, par ordre décroissant de préférence. Vérifiez chaque liste et éliminez les contes dont Andersen n'est pas l'auteur. Vous pourrez ensuite établir le « hit parade » des contes d'Andersen et comparer avec votre propre liste et celles de vos camarades de classe.

4. Lisez d'autres contes, de Perrault, des frères Grimm ou d'autres auteurs, et présentez-les à vos camarades. Certains peuvent-ils être comparés à l'un ou l'autre des contes d'Andersen figurant dans ce recueil ? Sur quel(s) point(s) ?

5. Faites une liste des créatures imaginaires qui apparaissent dans les contes de fées que vous connaissez : gnomes, lutins, elfes, sirènes, fées, sorcières, enchanteurs, etc. Précisez qui ils sont, ce qu'ils font et citez quelques contes dans lesquels vous les avez rencontrés.

Rédactions

1. Comme dans certains contes d'Andersen, un de vos objets préférés parle. Que dit-il ? À qui s'adresse-t-il ?

2. La nuit, toute votre chambre s'anime ; vos jouets et vos livres se mettent à vivre. Racontez ce qu'il se passe et rapportez les conversations des objets entre eux.

3. Une fée vous donne le pouvoir de partir à la découverte du vaste monde. Où allez-vous ? Comment ? Êtes-vous seul(e) ou accompagné(e) ? Racontez vos aventures et vos découvertes.

4. Vous êtes journaliste. Vous apprenez qu'Andersen séjourne à Paris. Vous lui écrivez une lettre dans laquelle vous précisez :
a) ce que vous savez déjà de lui ;
b) ce que vous aimeriez connaître ;
c) qui vous êtes et quel journal vous emploie.
Vous lui demandez ensuite de vous accorder un rendez-vous.
5. Andersen vous a répondu qu'il était enchanté de vous rencontrer. Il vous donne rendez-vous dans un salon de thé, à Paris. Racontez votre entrevue.
6. La princesse sur un pois rencontre la princesse que le porcher a repoussée. Elles font connaissance et se racontent brièvement ce qui leur est arrivé. La princesse sur un pois console sa nouvelle amie en lui donnant des recettes magiques pour conquérir le prince. Rédigez leur dialogue en une dizaine de lignes.
7. Écrivez une autre fin pour *la Petite Sirène*.
8. Relisez *Ib et la petite Christine*. Imaginez que les noisettes aient un autre contenu et réécrivez brièvement la fin du conte.
9. Quel est le conte d'Andersen que vous avez préféré ? Expliquez les raisons de votre choix.

Exploitation de la documentation thématique

1. Parmi les quatre extraits des p. 163 à 170, quel est celui que vous avez préféré ? Pourquoi ?
2. Si vous deviez choisir un ami, lequel des quatre enfants serait votre favori : le petit prince, Gaspard, Pascalet ou Daniel ? Pour quelles raisons ?

Écrire un conte

Rédigez vous aussi un conte à partir des questions suivantes (chacune des étapes de ce plan constituera un paragraphe de votre histoire).
1. Quelle est la situation de départ ?

a) Décrivez le décor (vous pouvez choisir un décor merveilleux comme dans *la Petite Sirène,* ou réaliste comme la basse-cour dans *le Vilain Petit Canard*).

b) Qui est le héros principal ? (Est-ce une fille ? un garçon ? un animal ? un jouet ? un être imaginaire ? Etc.)

2. Que désire le héros ? (Aspire-t-il à une vie meilleure comme le petit canard ? Veut-il épouser celle qu'il aime comme le soldat de plomb ? Etc.)

3. Comment le héros s'y prend-il pour satisfaire son désir ?

4. Quel voyage le héros doit-il effectuer pour réaliser ses souhaits ? (Relisez les voyages des héros d'Andersen, mais aussi ceux du petit prince, de Gaspard, de Pascalet et de Daniel [voir p. 163 à 170].)

a) Dans quel(s) lieu(x) s'effectue ce voyage ? (Est-ce un lieu réel ou imaginaire ?)

b) À quel(s) obstacle(s) se heurte le héros au cours de ce voyage ? (Rencontre-t-il des ennemis ? Lesquels ?)

c) Le héros est-il aidé par des amis au cours de ses aventures ? (Si oui, faites leur portrait.)

5. Le héros obtient-il ce qu'il désirait ? (Si oui, dans quelles conditions ? Grâce à quelles qualités ? Etc.)

6. Une fête est organisée, au cours de laquelle le héros commente son aventure : décrivez cette fête qui sert de conclusion à votre conte.

Quand vous aurez fini de rédiger, donnez un titre à votre conte. Relisez ensuite toute votre histoire. Pour vérifier qu'elle est intéressante, vous pouvez faire comme Andersen qui disait ses contes à haute voix, pour un public d'enfants et d'adultes.

Bibliographie, filmographie

Édition
L'édition complète des contes d'Andersen traduits par P. G. La Chesnais a été publiée par le Mercure de France (1937-1943). Elle a été rééditée par Gallimard dans la collection « Mille Soleils » en 1979.

Andersen
H. C. Andersen, *le Conte de ma vie,* extraits traduits du danois par Cecil Lund et Jules Renard, Stock, 1930.

R. Boyer, article « Andersen », *Encyclopædia Universalis,* tome I.

É. Bredsdorff, *H. C. Andersen,* biographie traduite de l'anglais par Claude Carme, Presse de la Renaissance, 1989.

A. Faudemay, préface à l'édition des contes d'Andersen, Gallimard, coll. « Folio », 1985.

M. Gravier, chronologie et préface à l'édition des contes d'Andersen, Flammarion, coll. « G.F. », 1970.

P. Hybye, *Andersen et la France,* Munksgaard, 1961.

I. Jan, *Andersen et ses contes,* Aubier-Montaigne, 1977.

M. Stirling, *le Cygne sauvage,* Pauvert, 1966.

Filmographie
Certains contes ne figurant pas dans ce recueil ont fait l'objet d'adaptations cinématographiques, notamment :

La Bergère et le Ramoneur, de Paul Grimault, scénario de Jacques Prévert, film d'animation commencé en 1947 et sorti sous le titre *le Roi et l'Oiseau* en 1980.

Petit Claus et Grand Claus, de Paul Grimault, film d'animation, 1965.

Le Rossignol de l'empereur de Chine, de Jiri Trnka, film d'animation, 1948.

Petit dictionnaire
pour expliquer les contes

champ lexical : ensemble des mots (noms, adjectifs, verbes, etc.) renvoyant à une même notion. Par exemple, les mots « marée », « marin », « sirène » appartiennent au champ lexical de la mer.

comparaison *(nom fém.)* : rapprochement de deux mots ou de deux groupes de mots introduit par « comme », « tel », « ainsi », etc. Ce rapprochement permet de souligner une idée. Exemple : « elle était aussi belle que les plus élégantes demoiselles » *(Ib et la petite Christine).*

conte *(nom masc.)* : court récit, la plupart du temps en prose, présentant des histoires imaginaires. Les contes sont souvent des histoires populaires que l'on racontait aux enfants ; à partir du XVIIᵉ siècle, on commença à les écrire et à les publier. C'est, par exemple, le cas de *la Princesse sur un pois,* qui appartient à la tradition orale danoise et qu'Andersen a fait connaître au monde entier en la présentant dans ses recueils.

dialogue *(nom masc.)* : paroles échangées entre les personnages.

épisode *(nom masc.)* : partie d'une œuvre (un conte, par exemple) qui a ses caractéristiques propres, tout en s'intégrant dans un ensemble.

épreuve *(nom fém.)* : difficulté qui permet de vérifier les qualités de quelqu'un. Les héros des contes subissent toujours une ou plusieurs épreuves pour voir leurs souhaits se réaliser et leur personnalité reconnue à sa juste valeur.

eventyr *(nom masc., danois)* : conte dans lequel interviennent des événements merveilleux et surnaturels. *La Princesse sur un pois, le Porcher* sont des *eventyr.*

fable *(nom fém.)* : court récit en vers ou en prose dont se dégage une leçon morale, une moralité. Certains contes d'Andersen sont des fables, *le Porcher* par exemple : on y voit que mépriser les autres est un jeu dangereux qui peut se retourner contre soi.

fantastique *(nom masc.)* : genre littéraire, à mi-chemin entre l'étrange et le merveilleux, regroupant des textes en prose où les choses échappent à l'ordre rationnel. Dans un récit fantastique, les explications naturelles et celles qui échappent à la raison sont confondues.

farce *(nom fém.)* : désigne théoriquement une pièce de théâtre comique courte qui utilise le comique de mots, de situation et de gestes pour faire rire un public populaire. Par extension, la farce peut désigner également un récit utilisant les mêmes procédés simples de comique. De ce point de vue, *Jean Balourd* peut être considéré comme une farce.

folklore *(nom masc.)* : ensemble des coutumes, traditions anciennes (danses, chants, légendes et contes populaires, etc.) d'un pays. Andersen puise dans le folklore danois certaines de ses histoires qu'il réécrit à sa manière (*Ce que fait le vieux est bien fait,* par exemple).

héros, héroïne *(nom)* : personnage principal d'un récit qui suscite l'admiration par ses actions et ses qualités. Le héros, ou l'héroïne, peut donner son nom au récit ; c'est par exemple le cas de *la Petite Sirène.*

historier *(nom masc., danois)* : récit qui ne fait pas appel au merveilleux et qui a pour héros des êtres humains normaux confrontés à des situations de la vie quotidienne, exemple : *Ce que fait le vieux est bien fait.*

homonyme *(nom masc.)* : mot qui s'écrit et/ou se prononce de la même manière qu'un autre, bien qu'il ait un sens différent. Par exemple, la « voie » (le chemin) est un homonyme de la « voix » (organe de la parole).

légende *(nom fém.)* : récit merveilleux dans lequel les faits historiques sont transposés par l'imagination et l'invention poétique.

magique *(adj.)* : qui échappe aux règles habituelles de la vie quotidienne et qui étonne, enchante. Les objets merveilleux fabriqués par le porcher sont magiques : ils n'existent pas dans la réalité et ont des pouvoirs extraordinaires. Les noisettes dans *Ib et la petite Christine* sont également des objets magiques.

merveilleux *(adj.)* : qui étonne par son caractère surnaturel, magique. Les « contes merveilleux » sont les contes dans lesquels se produisent des « merveilles », c'est-à-dire des phénomènes inexplicables qui ne pourraient se produire dans la réalité. *L'Intrépide Soldat de plomb* est, par exemple, un conte merveilleux car les jouets parlent et ont des sentiments comme les êtres humains.

narrateur *(nom masc.)* : personne qui fait un récit. Cette personne n'est pas toujours nommée dans le texte.

nouvelle *(nom fém.)* : court récit en prose qui se présente souvent comme une histoire authentiquement vécue.

personnage *(nom masc.)* : être imaginaire (même s'il est inspiré d'un être réel) figurant dans un récit.

récit *(nom masc.)* : relation orale ou écrite de faits réels ou imaginaires. Dans les veillées, autrefois, à la campagne, les conteurs faisaient le récit d'histoires et de légendes qu'ils connaissaient par cœur. Des auteurs comme Andersen au Danemark, Perrault en France et les frères Grimm en Allemagne ont noté par écrit ces récits.

registre de langue (ou niveau de langue) : dans un texte ou dans un énoncé oral, une idée peut être exprimée différemment selon le style de l'auteur ou la personnalité de son personnage (texte écrit) ou selon la situation et le degré de culture de la personne qui parle (à l'oral). On distingue trois registres (ou niveaux) de langue :
a) le registre courant, ex. : j'ai été me promener avec mon frère ;
b) le registre familier, ex. : avec mon frère, on a été se balader ;
c) le registre soutenu, ex. : mon frère et moi sommes allés nous promener.

roman *(nom masc.)* : long récit en prose. Il existe de très nombreuses catégories de romans : roman d'aventures, policier, de science-fiction, fantastique, réaliste, etc.

sens figuré : signification seconde d'un mot, dérivée de son sens propre. L'utilisation du sens figuré suppose souvent une comparaison. Par exemple, si on dit « ce garçon est un âne », « âne » est employé dans son sens figuré, ce qui signifie que le garçon n'est pas réellement un âne mais qu'il est aussi ignorant que cet animal.

sens propre : signification première et la plus courante d'un mot. Au sens propre, le mot « âne » désigne bien un animal.

séquence *(nom fém.)* : différentes parties d'un texte (ou d'un film), formant chacune un ensemble cohérent.

surnaturel *(adj.)* : qui échappe aux règles de la nature, qui présente des phénomènes ne pouvant se produire dans la réalité. La sorcière qui fabrique pour la petite sirène un élixir lui permettant de transformer sa queue en jambes, possède des pouvoirs surnaturels.

symbole *(nom masc.)* : objet, être vivant ou chose qui représente une idée. Par exemple, chaque pays a pour symbole un drapeau.

synonyme *(nom masc.)* : mot ayant la même signification qu'un autre. Par exemple, « troquer » est un synonyme d'« échanger ».

Dans la nouvelle collection
Classiques Larousse

H. de Balzac : *les Chouans*.

P. Corneille : *le Cid, Cinna, Horace, Polyeucte* (à paraître).

G. Flaubert : *Hérodias, un Cœur simple* (à paraître).

E. Labiche : *la Cagnotte*.

P. de Marivaux : *la Double inconstance* (à paraître), *l'Ile des esclaves, le Jeu de l'amour et du hasard* (à paraître).

G. de Maupassant : *la Peur et autres contes fantastiques* (à paraître).

P. Mérimée : *Carmen, la Vénus d'Ille* (à paraître).

Molière : *Amphitryon* (à paraître), *l'Avare, le Bourgeois gentilhomme, Dom Juan* (à paraître), *l'École des femmes, les Femmes savantes, les Fourberies de Scapin, George Dandin, le Malade imaginaire, le Médecin malgré lui, le Misanthrope, les Précieuses ridicules, le Tartuffe*.

Ch. L. de Montesquieu : *Lettres persanes*.

A. de Musset : *Lorenzaccio* (à paraître).

Les Orateurs de la Révolution française.

Ch. Perrault : *Histoires ou contes du temps passé* (à paraître).

J. Racine : *Andromaque, Britannicus* (à paraître), *Iphigénie* (à paraître), *Phèdre*.

Le Surréalisme et ses alentours (à paraître).

J. Vallès : *l'Enfant* (à paraître).

Voltaire : *Candide, Zadig* (à paraître).

(Extrait du catalogue)

Conception éditoriale : Noëlle Degoud.
Conception graphique : François Weil.
Coordination éditoriale : Emmanuelle Fillion
et Marie-Jeanne Miniscloux.
Coordination de fabrication : Marlène Delbeken.
Documentation iconographique : Nicole Laguigné.
Schémas : Thierry Chauchat et Jean-Marc Pau (p. 12 et 13).
Carte p. 17 : Laurent Faye.

Sources des illustrations
D. R. : p. 88.
Jean-Loup Charmet : p. 20, 33, 37, 46, 124, 144.
Larousse : p. 72.
Larousse, photos Jean-Loup Charmet : p. 7, 62, 64, 90, 96, 102, 116,
121, 132, 139, 146, 152, 160, 162.
Roger-Viollet, photo Alter-Viollet : p. 157.
Roger-Viollet (coll. Viollet) : p. 6, 18, 24, 58, 77, 109, 154.
Royal Danish Ministery for Foreign Affairs, Tallandier : p. 10.

COMPOSITION : SCP BORDEAUX.
IMPRIMERIE HÉRISSEY - 27000 ÉVREUX
Dépôt légal : septembre 1990. N° série Éditeur : 15778.
IMPRIMÉ EN FRANCE *(Printed in France).*
871005 - septembre 1990.